问答式教学法

原理与实践

何隽◎著

上海交通大学出版社
SHANGHAI JIAO TONG UNIVERSITY PRESS

图书在版编目(CIP)数据

问答式教学法原理与实践/何隽著. —上海:上
海交通大学出版社,2024.7
ISBN 978-7-313-30857-3

Ⅰ.①问… Ⅱ.①何… Ⅲ.①教学法-研究 Ⅳ.
①G424.1

中国国家版本馆 CIP 数据核字(2024)第 108765 号

问答式教学法　原理与实践
WENDASHI JIAOXUEFA　YUANLI YU SHIJIAN

著　　者:何　隽
出版发行:上海交通大学出版社　　　　　地　　址:上海市番禺路 951 号
邮政编码:200030　　　　　　　　　　电　　话:021-64071208
印　　制:上海万卷印刷股份有限公司　　经　　销:全国新华书店
开　　本:880mm×1230mm　1/32　　　印　　张:4.25
字　　数:84 千字
版　　次:2024 年 7 月第 1 版　　　　　印　　次:2024 年 7 月第 1 次印刷
书　　号:ISBN 978-7-313-30857-3
定　　价:58.00 元

前　　言

　　本书是对我多年教学经验的总结,包括了很多原创的内容和方法。尤其问答式教学法是一种创新的教学方法,受到了广大学生和家长的好评。本书的编写旨在将这一教学方法传播出去,帮助更多的教师、学生和家长。

　　每个学生都是独特的存在,教学应当尊重个体差异,因材施教。根据学生各自的能力特点,选取适合个人的教学方法和课程内容,不仅能营造良好的师生关系,还能使教学效果最大化。负能量的教导无法带来正能量的结果,想要帮助学生进步,需要运用充满正能量的方法。鼓励相信孩子,绝不打击或处罚。

　　问答式教学法强调针对不同学生的实际情况,在课程中就具体情况,教师使用不断问答的形式,循序渐进地引导学生学习思考。相较于其他"以教师讲解为主、学生被动接受知识点"的方式,该方法一方面尽可能地让学生在整个学习过程中保持一直思考的状态,帮助学生集中注意力,另一方面教师以提问为辅,引导学生自己思考得出答案,锻炼和培养学生独立思考的能力。

本书主要分为五个部分。绪论介绍了什么是问答式教学法，问答式教学方法的原理与优势，列举了问答式教学法在各个学科中的应用实例。第一章结合问答式教学法，介绍了高效的英语教学方法。以完整系统的思路，以更快速、更牢固地掌握这门语言为出发点，一步步介绍如何帮助学生学好英语，帮助他们提高成绩。这一章涉及了英语教学的方方面面，配合相关实例，易于阅读理解。第二章是问答式教学法在语文教学中的应用，主要介绍了古诗文和作文两方面的原创教学方法。通过简洁明了的原理介绍和具体的教学案例，展示生动的问答式教学课堂。第三章简要介绍数学教学，选取了适用面广、实际教学效果好的两种方法。通过问答式教学法的现场演练，帮助学生找到知识漏洞，纠正顽固错误。第四章分享了各学科都适用的教学经验，方法、原理结合实例。虽然本章的每一小节涉及的只是教学上的一个零星的点，但以小见大，若能利用好这些方法，它们都能在教学中产生良好的效果。

书中举例中的问答式教学对话都源于我与学生在课堂上的实际互动。虽然统一写成了"学生"，但其实他们的年龄、性格和学习情况都各不相同，教学中使用的措辞也会有一定的区别。

最后，感谢教育领域的同行同事，跟他们的切磋交流迸发出的思想火花，点燃了我写作本书的激情。感谢从小到大伴我一路走来的老师们，他们在我自己的学生生涯中给予了很多帮助，同时他们的教学经验也为我编写本书带来了启发。感谢父母，感谢信任我的家长和学生们，有了他们，才有了宝贵的教学经验,从而日渐积累,最终完成了这本书。

本着通达简明的原则,本书的内容尽可能清楚明了。如果读者有任何疑问或建议,欢迎与我联系,我的邮箱是 wendashijiaoxuefa@163.com。

本书是对我教学经验的整理和总结,希望能帮到各位老师、学生和家长。完成了这本书,也是完成了自己的一个心愿。写作过程中难免纰漏差错,也请不吝指正。感谢阅读拙作。

何隽

上海

2024 年 4 月

目　　录

绪　　论

原理

　　在整堂课程中,教师通过提出一个个连贯的问题,引导学生不断地思考回答,这样既能帮助学生专注地学习,又能让教师清楚地知道学生是否已经理解教学内容。

实践

　　老师:(指着单词,自己先读一遍,并说明词性、中文解释)这个词怎么读?

　　学生:Decide。

　　老师:非常好,中文意思是什么?

　　学生:决定。

　　老师:正确! 词性是什么?

　　学生:动词。

老师：Very good!

原理

问答式教学法适用于各个学科。学生是学习的主体，在一对一的教学环境下，教师应当让学生全身心地投入学习的过程中。

实践

老师：（首先播放介绍李白生平的动画短片，然后暂停并提问）李白，字什么？

学生：太白。

老师：很好！号什么居士？

学生：青莲居士。

老师：是的，正确！谁把他称为"谪仙人"？

学生：贺知章。

老师：非常不错！贺知章和李白之间发生了什么故事？

学生：金龟换酒。贺知章请李白去酒楼吃饭，因为忘记带银两，就把皇帝亲赐的金龟佩饰交给酒楼掌柜换来了美酒。

老师：对，说得很棒！在贺知章和玉真公主的举荐下，李白担任了什么官职？

学生：翰林供奉。

老师：非常好！这个官职的工作是什么？

学生：为唐玄宗写诗文。

老师：是的，没错！

原理

问答式教学法不受地域的限制。每一步都旨在让学生积极参与,线上、线下教学皆可使用。再举一个数学教学中的例子。

实践 1

老师:请把题目读一下吧!

学生:已知,王老师买了 9 只排球和 4 只篮球,共支付 270元,2 只篮球与 3 只排球的价钱相同。请问:每只篮球比每只排球贵多少元?

老师:读得很仔细,很流利! 请想一想,你对解这道题有思路吗?

学生:……

老师:好的,我们来分析:因为 2 只篮球与 3 只排球的价钱相同,那么 4 只篮球的价钱相当于几只排球呢?

学生:6 只排球。

老师:对,非常好! 9 只排球加 4 只篮球的价钱,相当于几只排球呢?

学生:9 加 6,等于 15 只排球。

老师:是的,正确! 15 只排球是 270 元,那么 1 只排球多少钱?

学生:270 除以 15,我算一下,是 18 元。

老师:算得很对! 排球的价钱有了,篮球的价钱怎么算?

学生:18 乘以 2 除以 3,是 27 元。

老师:正确! 那么,每只篮球比每只排球贵几元呢?

学生:9 元,用 27 减去 18。

老师:说得非常好! 我们整理一下思路,这道题是怎么做出来的?

学生:4 只篮球的价钱与 6 只排球一样,所以 15 只排球就是 270 元,先算出 1 只排球 18 元,再算出 1 只篮球的价钱,这道题目就做出来了。

老师:说得很完整,而且条理清楚!

实践 2

对实践 1 中的实例进一步完善。若学生在被问及是否有解题思路时,若其讲出了一些想法,教师则可以鼓励并加以引导。

(前面的互动省略)

老师:读得很仔细,很流利! 请想一想,你对解这道题有思路吗?

学生:篮球和排球的价钱有关系。

老师:是的,切入点找得很准! 4 只篮球的价钱相当于几个排球呢?

学生:6 只排球。

老师:对,非常好! 9 只排球加 4 只篮球的价钱,相当于几个排球呢?

学生:9 加 6,等于 15 只排球。

(后面的互动省略)

第一章 英 语 教 学

系统地学习英语

原理

　　学习英语,简单来讲就是学习词汇和语法两部分。词汇分语音(包括拼写)和语义;语法的核心是时态。

　　因此,想要高效系统地学习英语,应当先从学习音标拼读开始,掌握语音和拼写;接着学习语法中的核心——九大时态;再学习记忆语义的方法,可以利用前后缀、派生词和自编故事,有效地记忆语义;最后学习每一个语法知识点,边做题边理解,是掌握它们的好方法。整体的英语学习思路如图1-1所示。

图1-1　英语学习思路

实践

以下按实际教学的顺序逐一讲述。

1. 语音和拼写：学习音标拼读

下面介绍音标拼读的学习。首先对国际音标做简单介绍。

1）元音

元音分单元音和双元音：

$$
单元音
\begin{cases}
长元音：/iː/　/ɜː/　/ɔː/　/ɑː/　/uː/ \\
短元音：/ɪ/　/ə/　/ɒ/　/ʊ/　/ʌ/　/e/　/æ/
\end{cases}
$$

$$
双元音
\begin{cases}
合口双元音：/eɪ/　/aɪ/　/ɔɪ/　/əʊ/　/aʊ/ \\
集中双元音：/ɪə/　/eə/　/ʊə/
\end{cases}
$$

2）辅音

辅音分清辅音和浊辅音。辅音又可细分为爆破音、摩擦音、破擦音、鼻音、舌边音和半元音。

$$
爆破音
\begin{cases}
清辅音：/p/　/t/　/k/ \\
浊辅音：/b/　/d/　/g/
\end{cases}
$$

$$
摩擦音
\begin{cases}
清辅音：/f/　/s/　/θ/　/ʃ/　/h/ \\
浊辅音：/v/　/z/　/ð/　/ʒ/　/r/
\end{cases}
$$

$$
破擦音
\begin{cases}
清辅音：/tʃ/　/tr/　/ts/ \\
浊辅音：/dʒ/　/dr/　/dz/
\end{cases}
$$

鼻音　　/m/　/n/　/ŋ/

舌边音　　/l/（两种发音，like 的 /l/，以及 school 的 /l/）

半元音　　/w/　/j/

3）发音规则

一个单词有几个元音发音就有几个音节。例如：garden /ˈɡɑːdən/，双音节；beautiful /ˈbjuːtəfəl/，三音节。单音节词一定是重读。/ˈ/是重音符号，/ˌ/是次重音符号。

以元音字母结尾的音节是开音节，以辅音字母结尾的音节是闭音节。开音节分相对开音节和绝对开音，开音节中的元音字母发字母音，如 a 读/eɪ/，e 读/iː/。

开音节 { 相对开音节：以元音字母＋辅音字母＋不发音的 e 结尾的音节。例：make，kite。

绝对开音节：以发音的元音字母结尾的音节。例：go，we。

元音字母在闭音节中，根据重读与否，发音会有变化，如表 1-1 所示。

表 1-1　闭音节中的元音字母发音

字母	重读	弱读	重读例词	弱读例词
a	/æ/	/ə/	dad	Linda
e	/e/	/ə/, /ɪ/	bed	student, cinema
i	/ɪ/	/ɪ/, /ə/	sit	office, family
o	/ɒ/	/ə/	box	computer
u	/ʌ/	/ə/	bus	autumn

注：单词词尾的 a 弱读为/ə/，如 sofa；单词词尾的 o 读作字母音/əʊ/，如 no。
重读 a 在发音/w/的后面读/ɒ/，如 what。

以元音字母＋字母 r 构成的音节称为 r 音节，r 音节共有 5 个，如表 1-2 所示。

表 1-2　r 音节

r 音节	重读	弱读	重读例词	弱读例词
ar	/ɑː/	/ə/	car	sugar
or	/ɔː/	/ə/	morning	doctor
er	/ɜː/	/ə/	her	paper
ur	/ɜː/	/ə/	nurse	surprise
ir	/ɜː/		girl	

注：重读 ar 在发音/w/的后面读/ɔː/，如 warm /wɔːm/；重读 or 在发音/w/的后面读/ɜː/，如 work /wɜːk/。

元音字母组合与辅音字母组合的发音规则分别如表 1-3 和表 1-4 所示。

教学时，首先从元音字母组合的发音规则开始，这样可以让学生对字母组合与发音的对应关系有感性的认识。另外这些字母组合都有固定的发音，便于理解记忆。教学时，教师可以多举一些带相同字母组合的单词，让学生明确音标拼读的强大作用。学习完表 1-3 中的内容后，教师应讲解表注中的补充知识。

然后学习辅音字母组合的发音规则，接着学习表 1-2 和表 1-1，最后学习分音节、开闭音节的知识。

学习完这些内容后，学生已经掌握了大量音标的正确发音，为掌握全部音标打下了基础。学习元音发音时，可以按两个一组的长短音来帮助学生记忆；学习辅音发音时，可以按两个一组的清浊音来帮助学生记忆（清辅音在上，它对应的浊辅音在正下方）。

表 1-3 元音字母组合的发音规则

组合	发音	例词
ai	/eɪ/	rain
al	/ɔː/	talk
ay	/eɪ/	say
au	/ɔː/	autumn
aw	/ɔː/	draw
ee	/iː/	see
ea	/iː/, /e/	sea, bread
ew	/juː/, /uː/	new, flew
oa	/əʊ/	coat
oi	/ɔɪ/	toilet
oy	/ɔɪ/	boy
oo	/uː/, /ʊ/	room, book
ou	/aʊ/	house
ow	/aʊ/, /əʊ/	how, know
air	/eə/	chair
are	/eə/	care
ear	/ɪə/, /eə/	hear, pear
eer	/ɪə/	beer
ere	/ɪə/, /eə/	here, where

注:字母组合 ai 重读时为表格中的/eɪ/,弱读时为/ə/,如 captain /ˈkæptən/。

表 1-4　辅音字母组合的发音规则

字母或组合	发音	例词
ch	/tʃ/，少数为/k/	chair, school
ck	/k/	clock
ds	/dz/	hands
g	/g/，/dʒ/	good, age
词尾 ge	/dʒ/	orange
j	/dʒ/	Jack
词首 kn	/n/，k 不发音	know
词尾 mb	/m/，b 不发音	climb
词尾 nk	/ŋk/	thank
ng	/ŋ/	sing
ph	/f/	photo
qu	/kw/	quick
s	/s/，/z/	six, is
sh	/ʃ/	she
tch	/tʃ/	watch
th	/θ/，/ð/	thank, this
ts	/ts/	cats
v	/v/	five
x	/ks/，/gz/	box, exam
词首 wr	/r/，w 不发音	write
词首 y	/j/	yes
词尾 y	/ɪ/，/aɪ/	family, fly

注:字母 c 后面跟字母 e、i 或 y，c 读/s/，如 nice;其他时候，字母 c 读/k/，如 cap。字母组合 wh 后面跟字母 o，wh 读/h/，如 who;其他时候，字母组合 wh 读 /w/，如 what。/s/后面的清辅音，有元音发音和拼读，要浊化，如 speak。

4) 拼读练习

学生记住了音标拼读的知识后,就可以开始练习拼读生词了。单词拼读的规则:先分音节,再找重读,然后一个一个音节去拼读。引导学生从单音节词一直练习到四音节词,循序渐进地学习。可以告诉学生拼读单词就像拼读汉语拼音一样简单。下面请对以下单词进行拼读练习。

loudly	attention	conversation	repeat	spoil
public	waiter	decision	vision	single
firm	center	distance	request	spare
beggar	detective	expect	parcel	steal
main	stone	competition	wooden	refuse
gather	comparison	deserve	stretch	salary
immediately	proud	sail	performance	occasion
amuse	crew	wave	exclaim	return
complete	modern	district	sympathetic	complain
contain	stream	lonely	desert	terrify
roof	ventilate	invasion	connect	continent
versus	approach	remark	criticism	clumsily
charge	sensitive	mummy	royal	disease
section	normally	survive	radical	progressive
fanatical	beneath	erect	burst	hitchhike
border	evade	profit	crystal	display
election	defeat	gratitude	expendable	agreement
devote	contribute	inform	dismay	petrol
drift	inspector	commit	employer	confirm
ladder	layer	advertise	collapse	sculptor
smoothly	comedy			

2. 九大时态

简单讲,时态就是"时间"＋"状态"。时间有三种:现在、过去和将来。状态也有三种:一般时、进行时和完成时。它们两两组合就构成了最常用的九种时态。表1-5总结了各种时态的一般形式。

时态学习主要包括两个方面,即意义和结构。学习时,首先以一组三种不同的进行时开始,引导学生找到其中的规律。从意义上看,三种进行时都有"正在"的意思,对应不同时间下的"正在";从结构上看,三种进行时结构中都有"doing",结构中一开始的部分刚好对应了三种时间。其次,以此类推,三种完成时的规律性也很明显。

最后学习三种一般时,一般时在结构上要分成 be 动词和其他动词两类,一般现在时的结构是 am、is、are(表1-5中简写成 be)或 do、does,一般过去时的结构是 was、were 或 did,一般将来时中把 will be 和 will do 合并写成 will do,do 表示动词原形。根据语境选用意义最合适的时态。

注意:根据学生的能力和年龄,将来进行时、将来完成时等时态可以稍后学习。

还有一种常用时态,过去将来时,可以在学生掌握了上述时态后再引导其学习。与九大时态一样,从时态的字面意思出发,过去将来时的意义是"起点在过去,发生在将来",结构是"would do"(因为 will 的过去式是 would)。过去将来时的其他用法可以后面再展开。

表1-5 各种时态总结

时态	一般	进行	完成
现在	经常 be 或 do/does	现在正在 be doing	截止到现在已经 have/has done
过去	过去 was/were 或 did	过去正在 was/were doing	截止到过去已经 had done
将来	将来 will do	将来正在 will be doing	截止到将来已经 will have done

接着学习四种常用句型：肯定句、否定句、一般疑问句和简答句。肯定句是基本结构，把肯定句变成其他三种句型改动的是助动词，剩下的内容仍按原来的顺序（先抓住这条主要规律，不符合规律的特例可以在后续的教学中展开）。四种常用句型的一般形式如下：

肯定句，基本结构；

否定句，否定助动词；

一般疑问句，助动词提前（一二人称互换）；

简答句，人称＋助动词。

学习完四种常用句型后，再学习特殊疑问句，它只是比一般疑问句开头多了一个疑问词，其他的规律相同。

下面是六大时态下四种常用句型的例子。

1）一般现在时

肯：I have an English class every Sunday.

The car goes very quickly.

否：I don't have an English class every Sunday.

The car doesn't go very quickly.

问：Do you have an English class every Sunday?

Does the car go very quickly?

答：Yes, I do.　No, I don't.

Yes, it does.　No, it doesn't.

肯：I am 10 years old.

The girl is in Class One, Grade Four.

否：I am not 10 years old.

The girl isn't in Class One, Grade Four.

问：Are you 10 years old?

Is the girl in Class One, Grade Four?

答：Yes, I am.　No, I am not.

Yes, she is.　No, she isn't.

2）一般过去时

肯：I saw a movie last night.

He lived in Shanghai in 2016.

否：I didn't see a movie last night.

He didn't live in Shanghai in 2016.

问：Did you see a movie last night?

Did he live in Shanghai in 2016?

答：Yes, I did.　No, I didn't.

Yes, he did.　No, he didn't.

肯：Jane was sick two days ago.

We were interested in cartoons.

否：Jane wasn't sick two days ago.

We weren't interested in cartoons.

问：Was Jane sick two days ago?

Were you interested in cartoons?

答：Yes, she was.　No, she wasn't.

Yes, we were.　No, we weren't.

3）一般将来时

肯：They will go swimming next Saturday.

I am going to drink some coffee.

否：They won't go swimming next Saturday.

I am not going to drink any coffee.

问：Will they go swimming next Saturday?

Are you going to drink any coffee?

答：Yes, they will.　No, they won't.

Yes, I am.　No, I am not.

4）现在进行时

肯：Mary is playing piano now.

The birds are flying in the sky.

否：Mary isn't playing piano now.

The birds aren't flying in the sky.

问：Is Mary playing piano now?

Are the birds flying in the sky?

答：Yes, she is.　No, she isn't.

Yes, they are.　No, they aren't.

5）过去进行时

肯：I was watching TV at 8:00 last night.

　　We were cooking at that time.

否：I wasn't watching TV at 8:00 last night.

　　We weren't cooking at that time.

问：Were you watching TV at 8:00 last night?

　　Were you cooking at that time?

答：Yes, I was.　No, I wasn't.

　　Yes, we were.　No, we weren't.

6）现在完成时

肯：We have learned English for 5 years.

　　Jim has been in China since 2012.

否：We haven't learned English for 5 years.

　　Jim hasn't been in China since 2012.

问：Have you learned English for 5 years?

　　Has Jim been in China since 2012?

答：Yes, we have.　No, we haven't.

　　Yes, he has.　No, he hasn't.

练习1

请先用适当的动词形式填空,再写出相应的肯定句、否定句、一般疑问句和简答句。

1. Daniel and Tommy _____ (be) in Class Three.

否：

问：

答：

2. The boy _____ (draw) a picture now.

否：

问：

答：

3. Look! They _____ (have) an English lesson.

否：

问：

答：

4. Mike _____ (not like) PE class.

肯：

问：

答：

5. There _____ (be) an apple on the plate yesterday.

否：

问：

答：

6. Her father _____ (read) a newspaper last night.

否：

问：

答：

7. The girl _____ (not be) Jack's sister.

肯：

问：

答：

8. He _____ (have) dinner at home.

否：

问：

答：

9. Joe _____ (jump) high on last Sports Day.

否：

问：

答：

10. Jim's mother _____ (plant) a tree just now.

否：

问：

答：

11. There _____ (not be) any oranges on the tree.

肯：

问：

答：

12. The Jones family _____ （have） a picnic tomorrow.

否：

问：

答：

13. The birds _____ (sing) in the tree right now.

否：

问：

答：

14. Mr. Lee _____ (fly) to Beijing next week.

否：

问：

答：

15. It _____ (rain) heavily at seven yesterday morning.

否：

问：

答：

16. Miss Zhang _____ (teach) maths for 8 years.

否：

问：

答：

17. We _____ (not play) football at that time.

肯：

问：

答：

18. The beautiful park _____ (open) in 2030.

否：

问：

答：

19. _____ you _____ (study) drawing since 2008?

答：

肯：

否：

20. She _____ (read) a story book at 2 pm yesterday afternoon.

否：

问：

答：

21. John _____ (write) five stories so far.

否：

问：

答：

22. _____ she _____ (talk) to you the other day?

答：

肯：

否：

⚡练习2

请根据下划线部分提问。提示：下划线的部分是主语时，疑问词用 Who，下划线的内容不是人而是物时，用 What，剩下的部分按原来的顺序照写即可。

1. Sam goes to school on foot from Monday to Friday.
    ①   ②   ③

①：

②：

③：

2. He is doing   his homework very quickly in the
   ①   ②   ③

bedroom.
   ④

①：

②：

③：

④：

3. July was drawing a picture in the garden yesterday
   ①   ②   ③

morning.
   ④

①：

②：

③：

④：

4.   The students   are   reading   their English books
        ①   ②

loudly in the classroom.
   ③   ④

①：

②：

③：

④：

5. She made seven Japanese dishes at home last
   ①   ②   ③
weekend.
④

①:

②:

③:

④:

6. I am going to listen to popular music with Jack in
   ①   ②   ③
the park tomorrow night.
   ④   ⑤

①:

②:

③:

④:

⑤:

7. They were watching a basketball game at 9:00
   ①   ②   ③
yesterday morning.

①:

②:

③:

8. They will paint the house next Saturday.
   ①   ②   ③

①:

②:

③：

9. I have watched the TV program three times since
    ①   ②   ③

last year.

①：

②：

③：

10. Susan has studied dancing for 6 years.
     ①   ②   ③

①：

②：

③：

11. He was in hospital yesterday because he got a bad

cold.
①

①：

12. We eat lunch at half past eleven in the classroom.
     ①   ②   ③   ④

①：

②：

③：

④：

13. There were 120 people in the cinema.
                 ①   ②

①：

②：

14. My T-shirt is blue and white.
　　　①　　　　　　　②

①：

②：

3. 语义：学习前后缀、派生词、"编故事"记忆

记忆单词的中文意思有两种方法：方法 1，通过前后缀、派生词来理解记忆；方法 2，通过谐音编故事来有效地机械记忆。

1）方法 1

以 act 为例，在其前后加入各种前后缀，可以派生出许多单词，这些单词之间有清楚的逻辑关系，引导学生从熟悉的 act 的意思出发，就很容易记住，如图 1-2 所示。这种方法适用于可拆解的单词。

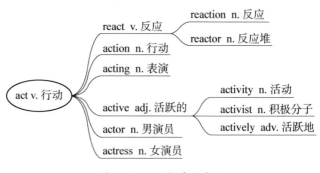

图 1-2　act 与其派生词

2）方法 2

egg 的发音很像中文的谐音"挨个"，然后把谐音和单词的意思"鸡蛋"编进一个故事里，这样就很容易记住。故事越生动有趣，记忆效果就越好。

以下通过问答式教学法展开教学。

老师：（先给出 egg 的发音、谐音和中文意思，对于刚接触这一方法的学生，可以先讲一个有趣的故事，再通过问答式教学，加深学生对单词和方法的印象）这个词怎么读？

学生：egg。

老师：非常好！谐音是什么？

学生：挨个。

老师：没错！中文意思是什么？

学生：鸡蛋。

老师：很不错！那联想到的故事是什么？

学生：主人挨个把鸡窝里的鸡蛋取出来。

老师：说得很棒，这个故事很有趣！

经过练习，学生掌握了这种简单的方法后，就可以自己找谐音，通过"编故事"来记忆单词了。这种方法适用于无法拆解、需要机械记忆的单词。

4. 语法：边做题边掌握

对于语法的学习，相比翻看语法书，做题让学生有更多的参与感，其中做错的题也会引起学生注意，更容易记住题目考察的语法知识。下面举例说明。

（题目：If it _____ tomorrow, the children won't go for cycling in the park.

　　A. will rain　　B. rains　　C. rain　　D. rained）

老师：这一题的语法知识称为"主将从现"，主句是一般将来时，从句是一般现在时。If 引导的部分是从句。这题的知识点是什么？

学生：主将从现。

老师：正确！"主将从现"指什么意思？

学生：主句是一般将来时，从句是一般现在时。

老师：非常不错！If 引导的是主句还是从句？

学生：从句。

老师：对！所以 If 引导的这部分用什么时态？

学生：一般现在时。

老师：非常好！所以答案选哪个？

学生：B。

老师：Well done！请把整句话读一下吧！（让学生朗读语句，培养语感，加深印象）

学生：If it rains tomorrow, the children won't go for cycling in the park.

老师：非常流利！这道题的解题思路是什么？

学生：主将从现，If 的部分是从句，用一般现在时，所以选 B。

老师：Very good！说得很到位！

如果学生答错了，教师应平和地指出，帮助他及时纠正即可。比如，学生把 If 引导的部分当成了主句。

（前面的互动省略）

老师：非常不错！If 引导的是主句还是从句？

学生：主句。

老师：是从句。不带 If 的部分有 won't，可以看出是一般将来时,是"主将"。所以 If 引导的是主句还是从句?

学生:从句。

老师:对! If 引导的这部分用什么时态?

学生:一般现在时。

老师:非常好! 所以答案选哪个?

学生:B。

(后面的互动省略)

▶ 记忆单词的本义

原理

一个单词的意思虽然可能有多个,但其实都是从它的本义引申而来的,只要先记住了单词的本义,再把它与引申义联系起来,这样就很容易掌握了。各种词性的单词都可以这样记。

实践

以 faint 为例,引导学生掌握该词的本义"微弱的",以及它的引申义"虚弱的,头晕的,晕倒"。

老师:(给学生看单词 faint)这个词怎么读?

学生:faint。

老师:读得很标准! faint 的本义是"微弱的",它的本义是什么?

学生:微弱的。

老师:非常好! 词性是什么?

学生:形容词。

老师:正确! 一个人如果被形容为"微弱"的,那么想象一下他的身体很可能是……的?

学生:虚弱的。

老师:理解得非常不错! 再联想一下,虚弱的人,很可能经常会觉得哪里不舒服?

学生:头晕。

老师:是的,you're right! 这时它依然是形容词,在中文意思的最后加上"的",就很清楚它的词性了。faint 的两个引申义是什么?

学生:虚弱的,头晕的。

老师:说得很对,非常好! 它还可以作为动词,头晕的人会容易怎么样?

学生:晕倒。

老师:Very good! 下面总结起来,faint 的四种意思是怎么联系起来的?

学生:首先它的本义是"微弱的",人很"微弱"也可以认为其是虚弱的,所以有"虚弱的"的意思。虚弱的人可能会常常头晕,第三种意思就是"头晕的"。faint 还能作为动词,头晕的人可能会晕倒。

老师:说得很完整、很准确,非常好!

原理

掌握了单词的本义,就能灵活运用单词,在做题时更容易选出最合适的答案。

实践

(以一道介词四选一的题目为例)

老师:请把题目读一下吧!

学生:Mr Johnson works _____ a Physics lab assistant in a famous university.

老师:不错! 选项 A,as 的本义是什么?

学生:作为。

老师:非常好! 选项 B,for 的本义是什么?

学生:为。

老师:说得很对! 选项 C,on 的本义是什么?

学生:在……的上面,与表面有接触。

老师:很具体,非常不错! 选项 D,in 的本义是什么?

学生:在……的里面。

老师:是的,正确! 按照本义,哪个介词放进句子里意思最通顺呢?

学生:as。

老师:Very good! 请把整句话再读一下吧!

学生:Mr Johnson works as a Physics lab assistant in a famous university.

老师：很流利，很准确！这句话的意思是什么？

学生：约翰逊先生在一所著名的大学里担任物理实验室助理。

老师：理解得非常好，excellent！

（再举一个例子，这道题是选择连词）

老师：请读一下题目好吗？

学生：好的。Linda usually drinks a glass of milk _____ she goes to bed.

老师：很流利，非常不错！请把四个选项也读一下吧！

学生：A before，B after，C because，D if。

老师：读得很标准！四个选项中的词分别是什么意思？

学生：在……之前，在……之后，因为，如果。

老师：记得很准确，非常好！那么这道题用哪个词可以让句子最通顺？

学生：before，琳达经常在睡觉前喝一杯牛奶。

老师：是的，理解得很好！请把句子再读一下好吗？

学生：好。Linda usually drinks a glass of milk before she goes to bed.

老师：Very fluent! Well done!

▶ 通过直译来理解和记忆短语和句子

原理

首先将一个个单词的本义组合起来，直译短语和句子的意思,再重新组织语言,就符合汉语的用语习惯了。

实践

(以下引导学生理解 put away 的意思)

老师:put 的本义是什么?

学生:放。

老师:非常好! away 的本义是什么?

学生:离开。

老师:说得很准确! 这句话直译是"把书本放离开",意思是把书本怎么样?

学生:收拾起来。

老师:非常不错! 请把下面这句话读一下吧!(老师在黑板上写出句子,让学生朗读并在句子中理解短语的意思,起到练习巩固的效果)

学生:I always put away my books after I read them.

老师:读得非常好! 句意是什么?

学生:我总是在读完书之后把它们收起来。

老师:理解透彻,非常不错!

(再举一个理解句意的例子)

老师:请把句子读一下吧!

学生:Cats can be friendly towards humans, but they lead mysterious lives of their own as well.

老师:Wonderful! towards 是什么意思?

学生:朝着。

老师：准确！前半句直译为"猫能友好地朝着人类"，也就是什么意思？

学生：猫对人友好。

老师：是的，very good！lead 的本义是什么？

学生：领导。

老师：非常好！那么后半句直译为"但它们也领导着自己神秘的生活"，这是什么意思？

学生：但它们也过着自己神秘的生活。

老师：说得很对，理解得非常好！请把整句话读一下吧！

学生：Cats can be friendly towards humans, but they lead mysterious lives of their own as well.

老师：读得很标准，很流利！这句话是什么意思？

学生：猫能对人友好，但它们也过着自己的神秘生活。

老师：非常好！Terrific！

▶ 用简单清楚的语言解释英语知识

原理

简明的语言让学生易于理解、易于掌握。这样节省了时间，提高了效率。

实践

以动词词尾-ed 的发音规则为例，以下是作者自编的教学材料。

单词尾音	-ed 发音
清辅音	/t/
浊辅音、元音	/d/
/t/、/d/	/ɪd/

-ed

练习

asked	finished	helped
called	moved	welcomed
borrowed	enjoyed	answered
wanted	started	counted
needed	decided	sounded
reached	stretched	cleaned
liked	painted	lived
passed	worked	visited
married	stopped	studied
planted	smoked	handed
flowed	hurried	hunted
washed	marked	used
skipped	prepared	cooked
sighed	tripped	landed
jumped	rented	watched

老师:(把打印好的练习材料发给学生)词尾-ed 有几种发音?

学生:三种。

老师:非常好! 具体是哪三种?

学生:单词以清辅音结尾时,-ed 读/t/;单词以浊辅音或元音结尾时,-ed 读/d/;单词以/t/、/d/结尾时,-ed 读/ɪd/。

老师:说得很准确,very good! 比如练习中的第一个词,怎么读?

学生:读/ɑːskt/。

老师:十分标准! 为什么词尾读/t/?

学生:因为它前面的/k/是清辅音,所以-ed 也读清辅音,所以就读/t/。

老师:非常不错! 第二行第二个词(指给学生看,是 moved),怎么读?

学生:/muːvd/。

老师:读得很准确,well done! 为什么词尾发音是/d/?

学生:因为它前面的/v/是浊辅音,浊辅音后面也读浊辅音/d/。

老师:说得很完整,很有道理!

按顺序带领学生练习词尾-ed 的三种发音规则,练习中的前五行帮助学生熟悉并使用规则,后面的部分让学生综合运用规则,达到掌握的目的。

下面从几个方面对英语基础知识进行总结,力求简洁明了,让学生易于理解和掌握。

1. 词性

表 1-6 对各类词性做了简单总结。

表 1-6 词性总结

词性	缩写	含义	例子
名词	n.	人或物的名称	apple, Mary
代词	pron.	一种人称	you, they
动词	v.	一个动作	eat, run
形容词	adj.	表示人或物怎么样	tall, long
副词	adv.	表示动作怎么样	fast, up
数词	num.	数量	four, ten
冠词	art.	冠词只有三个	an, a, the
介词	prep.	表示位置、时间或方式	on, at
连词	conj.	连接两个词、短语或句子	and, so
感叹词	int.	表示感叹	Oh, wow
助动词	aux. v.	帮助动词构成词组一起使用	be, does
情态动词	modal v.	表示想法或观点,和动词原形一起使用	can, may
及物动词	vt.	后面可以紧跟人或物的动词	see, play
不及物动词	vi.	后面不可以紧跟人或物的动词	stand, sit

2. 句子成分

（1）主语,是"句子的主人",放在句子的开头,一般是名词、名词短语或代词、代词短语。

We have an English class every day.

（2）谓语,表示一个动作,放在主语的后面,一般是动词或动词短语。

He is reading in the classroom.

（3）宾语，是谓语动作的对象，放在谓语的后面，一般是名词、名词短语或代词、代词短语。

Mary likes singing songs.

（4）定语，形容主语或宾语怎么样，放在主语或宾语的前面，一般是形容词。

The red apple is sweet.

（5）状语，形容动作或句子怎么样，放在谓语的后面或句子开头，一般是副词、介宾短语或不定式。（介词＋名词或代词（也可以是短语）构成介宾短语；to＋动词构成不定式）

Jane sings nicely.

（6）补语，补充说明主语或宾语，放在主语或宾语的后面，一般是介宾短语、不定式、现在分词或过去分词。（现在分词就是动词的-ing形式）

The man standing is our teacher.

（7）表语，说明主语怎么样，放在系动词的后面，一般是形容词或名词、名词短语。（系动词和表语搭配使用）

Her puppy is lovely.

（8）系动词：①be动词，如am，is；②表示"……起来"的感官动词，如look，feel；③表示"变得"的动词，如become，get。

（9）同位语，解释相同功能的句子成分，与该句子成分紧邻，一般是名词、名词短语或代词、代词短语。

Miss Fang, my new teacher, is very nice.

3. 人称代词

表1-7对人称代词做了总结。

表1-7 人称代词总结

人称代词	主格	宾格	形容词性物主代词	名词性物主代词	反身代词
第一人称单数	I	me	my	mine	myself
第一人称复数	we	us	our	ours	ourselves
第二人称单数	you	you	your	yours	yourself
第二人称复数	you	you	your	yours	yourselves
第三人称单数	he、she、it	him、her、it	his、her、its	his、hers、its	himself、herself、itself
第三人称复数	they	them	their	theirs	themselves

（1）第一人称单数关于"我"，第一人称复数关于"我们"；第二人称单数关于"你"，第二人称复数关于"你们"。

（2）第三人称单数关于"他、她、它"，第三人称复数关于"他们、它们"。

（3）人称代词的主格作主语，宾格作宾语。

（4）形容词性物主代词又称为所有格；当成形容词来使用，作定语。

（5）名词性物主代词当成名词来使用，作主语、宾语、表语。

（6）反身代词的意思是"……（人称）自己"，如 themselves 就是"他们自己"。

4. 从句

从句是主句里面的小句子。从句作什么语，就是什么从句。比如，从句作宾语就是宾语从句，从句作表语就是表语从句。

（1）主语从句：What we need are good doctors.

（2）宾语从句：I don't think that he likes singing.

（3）表语从句：The question is when he can arrive.

（4）同位语从句：I heard the news that our team had won.

（5）定语从句：He helped an old man who lost his way.

（6）状语从句：As soon as I got up, the phone rang.

5. 名词

名词的所有格有两种形式，意思是"……的"。

（1）第一种是在名词后面加 's，用于有生命的人、东西，例：Jack's shirt。

当名词词尾有字母 s 时，只须加 '，例：the teachers' books。

（2）第二种是在介词 of 后面加名词，用于无生命的东西。例：the door of the room。两个人分别拥有某物时，要在每个人名后面加 's；两个人共同拥有某物时，只须在第二个人名后面加 's。例：Tom and Jim's room（指 Tom 和 Jim 共用一个房间）；Tom's and Jim's rooms（指 Tom 和 Jim 各有自己的房间）。

名词变为复数形式，一般情况下在词尾＋s，单词以清辅音结尾，s 读作/s/，例：desk→desks /desks/；单词以浊辅音、元音发音结尾，s 读作/z/，例：room→rooms /ruːmz/；单词以 t、d 结尾，t、d 与 s 一起读，ts 读作/ts/，ds 读作/dz/，例：hand→hands /hændz/；名词以-ch、-sh、-s、-x、-o 结尾，词尾＋es，读作/ɪz/，例：peach→peaches /piːtʃɪz/；以辅音字母＋y 结尾，去 y 加 ies，读作/ɪz/，例：family→families /fæmɪlɪz/。

6. 不定冠词

不定冠词 an、a 的意思是"一个"。定冠词 the 用于特指，意思是"这、那"。

不定冠词用 a 还是 an，要看后面一个词的发音，如果以元音发音开始，就用 an，例：an hour /auə/。如果以辅音发音开始，就用 a，例：a uniform /ˈjuːnɪfɔːm/。

7. there be 结构

there be 的意思是"有"，往往会在句子里出现一个地方或时间，there is/was 用于单数或不可数名词，例：There is a bag on the chair；there are/were 用于复数名词，例：There are some ducks on the river.

be 动词的形式要与离它最近的一个名词保持一致，例：There is a teacher and many students in our classroom；一般疑问句中，把 there 和 be 的位置对调，例：Is there a desk in the room?

8. 人称代词

人称代词 it 可以表示时间和天气，例：It is 8 o'clock, It's

rainy。为了表示礼貌,三种人称的先后顺序是 you, he(she),
me,例:Tom knows you and me。

9. 疑问代词

疑问代词总结见表 1-8。

表 1-8 疑问代词

疑问代词	意思	句子成分	例　　句
who	谁	主格、宾格	Who is he?
whom	谁	宾格	Whom are you talking about?
whose	谁的	所有格	Whose book is this?
which	哪个	主格、所有格	Which bag do you want?
what	什么	主格、宾格、所有格	What colour is it?

10. 不定代词

常用的不定代词有:something 某事物,anything 任何事
物,nothing 没有事物;someone、somebody 某人,anyone、
anybody 任何人,no one、nobody 没有人。例:I can do
anything for you, Nobody likes him.

形容词要放在这些不定代词的后面,例:There is
something wrong with Mike。不定代词 one、ones 指代前文
中出现过的同一种事物,one 是单数、ones 是复数。例:We
have many pictures, Which ones do you like?

其余总结见表 1-9 所示。

表 1-9 不定代词

不定代词	意 思	例 句
both	两者都	Both of them are clever.
all	三者或以上都	All the students are studying.
either	两者中的任何一个	Either of the apples is sweet.
neither	两者都不	Neither boy likes chicken.
a few	少量(可数,肯定)	I eat a few bananas.
few	几乎没有(可数,否定)	Few people like to go there in winter. It's very cold.
a little	少量(不可数,肯定)	There is a little jam on the bread.
little	几乎没有(不可数,否定)	We have little food, so we need to go to the shop.

11. 形容词和副词

两个或以上的形容词修饰名词时,越具体明确的形容词离名词越近,例:a big round table, a tall Chinese man。

形容词、副词的原级、比较级、最高级:表示两者相等时用原级;表示两者比较时用比较级;表示三者或以上的比较,用最高级。

单音节词与少数双音节词的比较级、最高级是在词尾加 er、est,例:tall, taller, tallest;以 e 结尾的单音节词是加 r、st,例:large, larger, largest;以辅音字母＋y 结尾的词是去 y 变 i,然后加 er、est,例:early, earlier, earliest;以重读闭音节结尾且末尾就一个辅音字母的词是双写最后一个字母加 er、 est，例：big，bigger，biggest；两个或以上音节的词，比较级、最高级是在单词前面加 more、most，例：beautiful， more beautiful，most beautiful；有个别词是不规则变化：good/well， better， best；bad/ill， worse， worst；many/much，more， most；little， less， least；far， farther/further，farthest/furthest；old， older/elder， oldest/eldest。

as＋原级＋as 表示"和……一样"，例：Mary is as tall as her mother；not so(as)＋原级＋as 表示"不如……"，例：This apple is not as sweet as that one.（这个苹果不如那个甜）；

比较级＋than 表示"比……更……"，例：Tom runs faster than Mike；最高级表示"最……"的意思，形容词最高级前面要加 the，副词前面可以省略 the，例：Jane sings（the）best in our class.

表示频率的副词，由高到低依次是：always（总是），usually（经常），often（时常），sometimes（有时），seldom（偶尔），never（从不）。

副词表示时间、地点时，小单位在前，大单位在后，例：He comes from Shanghai，China；副词表示方式时，短词在前，长词在后，并用 and 或 but 等连词连接。例：Please write slowly and carefully；多个副词的排列顺序：程度＋方式＋地点＋时间，例：The man runs very slowly near his house at 6：00 every morning。

有些形容词在词尾加 ly 变为副词，例：quick，quickly；词尾是 y 的形容词变为副词时，去 y 加 ily，例：easy，easily；

有的形容词和副词同形，例：hard、fast、high、far、early、late；形容词 good 的副词形式是 well，例：She sings well；

当 well 作形容词使用时，只表示"身体状态好"，例：I'm well，thanks。

12. 数词

数词分基数词和序数词。基数词表示几，序数词表示第几。

基数词 13 至 19 用 teen 结尾，例：fifteen，15；整十数以 ty 结尾，例：forty，40；

三位数的表示方法：整百数＋and＋整十数＋个位数。整十数和个位数之间用连字符"-"连接，例：325 three hundred and twenty-five；

千是 thousand，以后每三位数增加一个单位，百万是 million，十亿是 billion；

表示具体的数字时单位后面不加 s，表示大概的数字时要加 s，例：hundreds of 数以百计。

序数词第 1、第 2、第 3 分别是 first、second、third，其他序数词一般是在基数词后面加 th，例：fourth；有一些特例：fifth，第 5，eighth，第 8，ninth，第 9，twelfth，第 12；整十数的序数词是把基数词词尾的 y 改写成 ieth，例：ninetieth，第 90；两位数序数词的表示方法：十位数是基数词，个位数是序数词，中间用"-"连接，例：fifty-third，第 53；序数词的缩写形式是在阿拉伯数字的后面加上序数词的最后两个字母，例：31st（thirty-first)，第 31。

分数的分子用基数词表示，分母用序数词表示，分子大于 1 时，分母要加 s，例：one-third，三分之一，four-fifths，四分之五；四分之一可以用 one-fourth 或者 a quarter 表示，one half 是二分之一；倍数中，两倍是 twice，三倍或以上用"基数词＋times"的方式组成，例：This room is three times the size of that one。

小数的读法，小数点读作 point，小数点左边以基数词读出，右边一位一位读出，例：13.052，读作 thirteen point zero five two；百分数中的百分号"%"读作 percent，没有复数形式，例：25% 读作 twenty-five percent，0.3% 读作 zero point three percent。

表示"年"用基数词，两位两位读，例：2019 年读作 twenty nineteen；带零的年份这样读：1805 年，eighteen o five；1900 年，nineteen hundred；2008 年，two thousand and eight。

"月""日"的表示。"月"用月份相应的名词，"日"一般用序数词表示，例：2 月 25 日 February the twenty-fifth（可以简写成 Feb 25th，读的时候 the 可以省略），1 月 3 日 January third。英语表示日期的顺序有：月－日－年（美式），日－月－年（英式），例：2019 年 3 月 29 日是 March 1st 2019 或 1st March 2019。

表示时间的整点，例：6 点 six(o'clock)；表示半点，例：4 点 30 分 half past four 或 four thirty；表示时刻有两种方法：①钟点数＋分钟数，例：8:05 eight (o) five，9:35 nine thirty-five；

②分钟数小于 30 用 past 表示"加上",分钟数大于 30 用 to 表示"扣掉",从下一个整点扣减,例:7:15 fifteen past seven 或 a quarter past seven, 10:45 fifteen to eleven 或 a quarter to eleven。

编号是三位或三位以上的数字时,要将数字一一读出,例:Room 302 读作 room three o two, Page 1206 读作 page one two o six;有的编号既可以用基数词表示,又可以用序数词表示,例:Lesson Four = the fourth lesson, Class Two = the second class。

英国、美国货币有复数形式,其他国家的货币一般没有复数形式。中国货币是 yuan 或 RMB,"元",符号为"￥"。美国货币单位是 dollar,美元,符号为"＄"。英国货币单位是 pound,英镑,符号为"￡"。例:seven yuan,7 元;ten dollars, 10 美元。

13. 介词

表示具体时刻,用介词 at,例:at half past six;具体某一天的前面用介词 on,例:on Sunday morning;before 表示"在……之前",例:We brush our teeth before wash our faces;after 表示"在……之后",例:The boys often play football after school;from 的意思是"从……",from... to... 表示"从……到……",例:We have classes from Monday to Friday;behind 表示"在……后面",例:Jack sits behind me;beside 表示"在……旁边",例:There is a cup beside the books;between 表示"在……(两者)之间",例:

The classroom building is between the swimming pool and the playground.

动向介词 into 表示"向里"，例：I put the books into a bag；动向介词短语 out of 表示"向外"，例：She takes the present out of the box。

across 表示"（表面）横穿"，例：Go across the street, and you'll find the supermarket；through 表示"从……（空间）里面穿过"，例：We walk through the garden；along 表示"沿着……"，例：Go along the road，then turn left；by 表示"通过……（某种方式）"，（步行用 on foot 来表示），例：He goes to work by bus。

with 表示"和……"，例：Can you play with me?说某种语言用 in，例：She can sing this song in English；for 表示"为、因为……"，例：Thank you for your dinner；about 表示"在……周围""关于"，例：They sit about the big tree and sing happily，The story is about a poor girl；介词 like 表示"像……"，例：John is like his father。

14. 连词

连词 or 的意思是"或者"，例：Is it big or small?结构 both...and...表示"两者都……"，例：They can speak both Chinese and English；Not only...but（also）...表示"不但……而且……"，例：Not only you but also Jim often comes early；Neither...nor...表示"既不……也不……"，例：Neither you nor I am slow。

Either...or...表示两者中的任何一个,"要么……要么……",例:You may either stay here or go with us。

but 表示"但是",例:It's very nice, but it's too expensive;for 和 because 都表示"因为",because 语气更强,例:They must be at home now, for it's raining;so 表示"所以",例:My sister is waiting for me, so I must go now;when 表示"当……的时候",例:Please come and play when you have time;as soon as 表示"一……就……",例:I will tell you as soon as I get home;if 表示"如果……",例:If it's sunny tomorrow, we'll go to the zoo。

though 和 although 都表示"虽然……",although 语气更强,例:Although he is sick, he works hard。英语中,"虽然"和"但是"不能一起使用,例:Though it's raining, he is playing in the garden;"因为"和"所以"不能一起使用,例:She is good at cooking because she does it every day。

15. 动词

动词有 5 种基本形式:动词原形,第三人称单数现在式,现在分词,过去式,过去分词,后四种形式都是在动词原形的基础上在词尾做变化。

第三人称单数用于一般现在时的肯定句中,一般情况下在词尾＋s,例:work, works;以-ch、-sh、-s、-x、-o 结尾,词尾＋es,例:teach, teaches;以辅音字母＋y 结尾,去 y 加 ies,例:fly, flies。

过去式和过去分词,一般情况下是在词尾＋ed,例:walk,

walked；以不发音的字母 e 结尾，词尾＋d，例：like，liked；以辅音字母＋y 结尾，去 y 加 ied，例：cry，cried；以重读闭音节结尾，且词尾只有一个辅音字母，双写词尾＋ed，例：stop，stopped。

最常用的几十个动词的过去式和过去分词是不规则变化的，例：do，did，done；bring，brought，brought；cut，cut，cut。

单词以清辅音结尾，ed 读作/t/，例：talk，talked /tɔːkt/；单词以浊辅音、元音发音结尾，ed 读作/d/，例：play，played /pleɪd/；单词以 t、d 结尾，ed 读作/ɪd/，例：want，wanted /wɒntɪd/。

现在分词，一般情况下是在词尾＋ing，例：go，going；以不发音的字母 e 结尾，去 e 加 ing，例：come，coming；以重读闭音节结尾，且词尾只有一个辅音字母，双写词尾＋ing，例：run，running。

是动词但不作为谓语的词称为非谓语动词，这类词有三种：-ing（现在分词）表示主动，-ed（过去分词）表示被动，to do（不定式）表示目的或将来，例：The man standing there is my uncle，The toy thrown away is her sister's，He went there to meet his friend。

16. 不同句式

1）否定句

否定句中含有否定词，常用的是 no 和 not，no＝not any。例：I have no pencils. ＝I haven't any pencils. 谓语中含有情

态动词时,"情态动词＋not＋动词原形"构成否定。例：You mustn't go there.

2）疑问句

一般疑问句通常以 be、have、助动词、情态动词开头,回答时用 Yes 或 No,朗读时用升调。

例：—Have you got a bike? —Yes, I have.

特殊疑问句以字母 Wh 开头的疑问词或 How 引导,朗读时一般用降调。回答时不用 Yes 或 No,根据实际情况直接回答。

what 询问"什么",例：What does John do on Sundays? He watches TV on Sundays.

who 和 whom 都询问"谁",who 可以对主语和宾语提问,而 whom 只对宾语提问。

例：Who's that old man? He's Tom. Whom are you talking about? We are talking about our new classmate.

whose 询问"谁的",例：Whose dog is it? It's Mary's.

which 询问"哪个"。例：Which book is yours? The thin red one is mine.

when 和 what time 询问"什么时候"。例：When does the school begin? On September 1st.

why 询问"为什么"。例：Why is she laughing? Because the story is funny.

where 询问"哪里"。例：Where does Mr. White live? He lives in Shanghai.

how 询问"怎么样"。例：How are you today? I'm very

good.

how many 和 how much 询问"多少数量",how many 用于可数名词,how much 用于不可数名词。例:How many pens does he have? He has three; How much water do you want? A glass, please.

how much 还可以询问"价格"。例:How much is the chicken? It's twenty yuan.

how long 询问"多长时间"。例:How long is the meeting? It's two hours.

how often 询问"频率,每隔多久"。例:How often do they go swimming? They go swimming once a week.

how soon 询问"多久以后"。例:How soon will she be back? She'll be back in an hour.

how far 询问"多远"。例:How far is it from here to the zoo? It's 6 km.

在选择疑问句中,用 or 连接两种或以上情况,供对方选择,回答时不用 Yes 或 No,根据实际情况直接回答。朗读时 or 前面的部分用升调,or 后面的部分用降调。

选择疑问句有 3 种结构:(1)一般疑问句+or+可选部分,例:Are you in Class One or Class Three? I'm in Class One;(2)特殊疑问句+可选部分+or+可选部分,例:Who is uncle Sam, the old one or the young one? The old one;(3)一般疑问句+or not,例:Do you like the new coat or not? I like it very much。

反义疑问句是在陈述句的后面加上附加疑问句,朗读时陈述句部分用降调,附加疑问句部分一般用升调,也可以用降调。反义疑问句有两种结构:(1)肯定陈述句+否定附加疑问句,例:He is tall, isn't he?(2)否定陈述句+肯定附加疑问句,例:Bill won't go to the park, will he?

附加疑问句的主语人称、时态必须和陈述句保持一致,否定结构必须用缩写形式,例:Linda and Mary went to the cinema, didn't they?反义疑问句相当于对应的一般疑问句,用 Yes 或 No 回答,例:Jack isn't a boy, is he? Yes, he is。

3)祈使句

祈使句表示命令、请求或禁止,对象是"你",主语 you 一般省略,可以在句子的开头或结尾加上 please,显得礼貌。祈使句的肯定句,谓语用动词原形,例:Give me a call, please。

肯定句可以在句首加上 Do 加强语气,例:Do give me a call;祈使句的否定句,谓语用 don't(never)+动词原形,never 比 don't 语气更强,例:Don't touch it. Never touch it.

表示禁止的祈使句以 No 开头,后面跟名词或动词的 ing 形式,例:No photos. No smoking;在祈使句的反义疑问句中,附加疑问句部分一般都是 will you,例:Open the door, will you?

以 Let's 开头的祈使句,附加疑问句部分是 shall we,例:Let's go there together, shall we?(我们一起去那里,好吗?);以 Let's 开头的祈使句,谓语动作的对象既包含说话者,又包含对方,而以 Let us 开头的祈使句,谓语动作的对象包含说话者,但不包含对方,例:Let us do it by ourselves, will you? (让我们自己做,好吗?)

4) 感叹句

感叹句表达喜、怒、哀、乐等强烈的感情。由 How 引导的感叹句,结构是 How＋形容词/副词＋主语＋谓语,例:How big the apple is!

由 What 引导的感叹句,结构有两种:(1) What＋a/an＋形容词＋可数名词单数＋主语＋谓语,例:What a nice man he is! (2) What＋形容词＋可数名词复数(或不可数名词)＋主语＋谓语,例:What beautiful pictures these are!

感叹句句尾的主语和谓语可以省略,例:How sweet it is! ＝ How sweet! What a good girl she is! ＝ What a good girl!

遇到选择填空感叹词的题时,先去掉句尾的主谓,如果剩下的是形容词或副词,就用 How;如果剩下的是名词短语,就用 What;若名词是单数的话还要加上 a 或 an。例:How fast time flies! What a yummy cake it is!

17. 被动语态

被动语态中,主语是动作的承受者,基本结构是 be done (done 是过去分词),主动语态变为被动语态时,时态保持一致,主语变为宾语,宾语变为以 by 开始的介词短语(可以省略)。

使用被动语态是因为不知道动作的执行者,或为了突出强调动作的承受者,例:Many people speak English.（主动),

English is spoken by many people.（被动）。

被动语态的各种时态是通过 be 动词的时态变化来体现的，它们的基本结构分别是：

（1）一般现在时，am/is/are done，例：The table is made by his grandpa。

（2）一般过去时，was/were done，例：The potatoes were cooked by her mother。

（3）现在进行时，am/is/are being done，例：The flowers are being watered now。

（4）过去进行时，was/were being done，例：The trees were being planted yesterday morning。

（5）现在完成时，have/has been done，例：The letter has been sent by the postman。

（6）过去完成时，had been done，例：A new hotel had been built when I got there。

（7）一般将来时，will be done，例：More buildings will be put up in the future。

（8）过去将来时，would be done，例：Mike said he would be invited to the party。

含有情态动词的被动语态，基本结构是：情态动词＋be done，例：Her bedroom should be cleaned up。

被动语态的肯定句变为否定句，是在助动词 be、have、has、had、will、would 或情态动词后面加一个 not。例：The dinner wasn't cooked by my father，The box hasn't been moved yet, The plants won't be watered in two hours, The picture mustn't be touched。

被动语态的肯定句变为一般疑问句,是把助动词或情态动词移到句首。例:Is the pie made by your grandma? Had the restaurant been built when you moved there? Would she be invited to the meeting?

被动语态的特殊疑问句,是在一般疑问句句式的基础上,在句子开头加上疑问词。例:Whom is the table made by? When were the trees being planted? What had been built when you moved there?

18. 虚拟语气

虚拟语气表示一种假设,与实际情况不符。虚拟语气现在式表示与现在的事实不符,基本结构是 If... were/did...,...would/should/might/could do...(did 是动词过去式,do 是动词原形)。例:If I were a bird, I would fly in the sky, If he studied harder, he might pass the test.

虚拟语气过去式表示与过去的事实不符,基本结构是 If... had done..., ... would/should/might/could have done...(done 是动词的过去分词),例:If she had taken my advice, she would not have made such a mistake, If I had got there earlier, I should have met her。

英语应试答题的方法

原理

用简单有效的方法来指导学生做题,易于掌握。

实践

题型一:听对话,选答案。

方法:看选项猜问题,边听边记重要信息。

题目举例:A. For 2 hours.　　B. For 2.5 hours.

　　　　　C. For 3 hours.　　D. For 3.5 hours.

解析:问题中四个选项都是 For 后接一段时间,这说明问题是关于时长的,因此应重点听对话里的时长信息,把它们记录下来。

听力原文:

W: Look at your bedroom. It is so dirty. Why don't you tidy up your things?

M: Oh, sorry, Mum. I slept too late last night.

W: What did you do last night?

M: I did my homework for 2.5 hours. And then I played computer games for 2 hours.

W: You must sleep early.

M: I know, Mum.

Q: How long did the boy do his homework?

解答:记下两个重要信息,2.5h, homework 和 2h, games,问题是关于 homework 的,所以答案选 B。

下面通过问答式教学法来指导学生。听完一遍原文后,学生选错了答案,教师展开教学。

老师:听完一句,我会按下暂停,然后请你把它讲出来好吗?

学生:好的。

老师:Very good!(老师开始播放录音,播放完第一句后暂停)这句说了什么?

学生:Look at your bedroom. It is so dirty.

老师:是的,非常好! 听完第二句请告诉我吧。(老师继续播放录音)

学生:没听清。

老师:好的,没关系。这句话中有 tidy up,意思是"收拾好"。再听一遍试试吧。

学生:好的。

老师:非常不错!(老师播放第二句的录音)

学生:Why don't you tidy up your things?

老师:听得很仔细,正确! 然后听下一句。(老师继续播放录音)

学生:Oh, sorry, Mum.

老师:非常好! 我们继续。(老师继续播放录音)

学生：I slept too late last night.

老师：Well done! 好的，下一句。（继续播放录音）

学生：What did you do last night?

老师：非常好! 下一句。（继续播放录音）

学生：I did my homework for 2.5 hours.

老师：准确! Next。（继续播放录音）

学生：And then I played computer games for 2 hours.

老师：非常不错! 嗯，下一句。（继续播放录音）

学生：You must sleep early.

老师：You're right! Very good! 下一句。（继续播放录音）

学生：I know，Mum.

老师：好的，准确! 接下来。（继续播放录音）

学生：How long did the boy do his homework?

老师：听得很仔细，非常不错! 这道题的答案是什么?

学生：B。

老师：非常好! 理由是什么?

学生：问题是做作业花了多长时间，文中说是 2.5 hours，所以选 B。

老师：理解得很透彻。Excellent!

题型二：听短文，判断对错。

方法：提前读懂要判断的句子，然后边听边答。

题目举例：

（　　）1. Gary was the manager of a small office in London.

（　　）2. Gary's office was in a small country.

（　　）3. Gary walked to his office from the station when the weather was fine.

（　　）4. Gary liked walking because he wanted to exercise.

（　　）5. Gary had no money and he had to walk to his office.

（　　）6. The stranger wanted to help Gary, too.

解析：仔细读完 6 句话，知道了一些重要信息，比如，主人公是 Gary，他要走路去办公室，还遇到了一个陌生人。这些对接下来边听边做题很有帮助。

听力原文与解答：

Gary was the manager of a small office in London. （听到这里，与第 1 句话符合，马上填入 T。办公室在伦敦，显然不是 small country，所以第 2 句填 F）He lived in the country and went to work by train. He liked walking from the station to his office if the weather was good, because it gave him some exercise. （听到的内容和第 3、第 4 句一致，所以都填 T）

One morning he was walking along the street when a stranger stopped him and said to him, （不是因为没钱而必须步行，所以第 5 句填 F）"You may not remember, sir, but seven years ago I came to London without any money in my pockets. I stopped you in the street and asked you to lend me some money and you lent me five pounds, because you said you wanted to take a chance to give a man a start on the road to success. "

Gary thought for a moment and said, "Yes, I remember you. Go on your story." "Well," answered the stranger, "do you want to take another chance?"（陌生人再次寻求 Gary 的帮助，他没有帮助 Gary，所以第 6 句填 F）

下面通过问答式教学法来指导学生。听完原文以后，学生选错了第 4 和第 5 题，教师展开教学。

老师：做得很好，做对了 4 道题，但第 4 和第 5 题错了。我们再听一遍，听到相应位置我会暂停，然后你来回答问题，好吗？

学生：好的。

老师：嗯，非常好！（老师开始播放录音，放到 because it gave him some exercise 这里暂停）他为什么喜欢步行去办公室呢？

学生：因为他能锻炼身体。

老师：说得很对！看一下第 4 小题，对吗？

学生：是对的。

老师：You are right! 请继续听录音，我会暂停。（老师继续播放录音，播放完下一句暂停）文中提到他是因为没有钱才不得不走路去办公室的吗？

学生：没有。

老师：是的。那天早上他依然走路去办公室，虽然句子中没有提到，但我们知道，理由是什么？

学生：他想锻炼身体。

老师：非常好！所以第 5 小题的答案是什么？

学生：F。

老师：Very good!

题型三：听短文，完成句子。

方法：提前读懂要填入单词的句子，然后边听边写。

题目举例：

1. When you make a list of _____ and pretty young _____, you shouldn't forget Emma Stone.

2. In the _____ Spiderman movie, Emma plays Gwen Stacy, the superhero's _____ girlfriend.

3. Emma has had a great _____ in acting since she was _____.

4. After she _____ high school, Emma felt that her love for the big screen was growing _____ and stronger.

5. Emma gave a PowerPoint presentation to her _____ to convince them to let her move to Hollywood for an acting _____.

解析：仔细读完题目，发现文章的主人公是 Emma，出演过电影《蜘蛛侠》，是一位好莱坞演员。了解了以上内容，对后面边听边写单词很有帮助。

听力原文与解答：

When you make a list of talented and pretty young actresses, you shouldn't forget Emma Stone.（听完第 1 句，发现与题目 1 一致，所以马上填入 talented 和 actresses）In the latest Spiderman movie, she plays Gwen Stacy, the superhero's first girlfriend.（短文第 2 句与第 2 题的内容匹配，所以填上 latest 和 first）Emma has had a great interest in acting since she was a little girl.（这一句的前半部分与题目 3 吻合，所以第一空填 interest，而第二空要填入一个形容词表明当她是一个小姑娘时，也就是她很年轻时，所以答案是 young）She loved watching movies and she wanted to act, too. At the age of 11, she acted in a play for the first time.

After she entered high school, Emma felt that her love for the big screen was growing stronger and stronger.（这句话与第 4 题一致，答案填 entered 和 stronger）She gave a PowerPoint presentation to her parents to convince them to let her move to Hollywood for an acting career.（本句与题目 5 匹配，所以填 parents 和 career）Her parents were impressed, and they agreed. After playing some small roles, Emma finally got her dream role—Gwen Stacy. And she is glad to learn something about life from Gwen and Spiderman. "Real beauty is what's inside," Emm says, "and that's what counts."

　　下面通过问答式教学法来教学生。听完原文以后,学生做错了第 1 和第 3 题,教师展开教学。

　　老师:做得很不错,我们再看看第 1 和第 3 题。现在开始放录音,到了相应位置我会暂停,请回答我提出的问题,好吗?

　　学生:好的。

　　老师:非常棒! 开始了。(老师播放录音,放到 you shouldn't forget Emma Stone 暂停)第 1 小题填什么?

　　学生:第一个词不会,第二个词是 actresses。

　　老师:是的,第二个词是单数还是复数?

　　学生:复数。

　　老师:非常好! 第一个词是 talented。(老师把单词写在黑板上,写出词性和中文)这个词怎么读?

　　学生:talented。

　　老师:读得很标准,这个词有几个音节?

　　学生:三个音节。

　　老师:正确! 三个音节分别怎么读?

　　学生:ta, len, ted。

　　老师:非常不错! 按照发音,这个词怎么拼写?

　　学生:talented。

　　老师:很仔细,准确! 词性和意思是什么?

　　学生:形容词,有才华的。

　　老师:非常好! 请继续听录音,然后告诉我答案好吗?

　　学生:好的。

　　老师:嗯,很棒!(继续播放录音,到 Emma has had a

great interest in acting since she was a little girl 这里暂停）第3小题填什么?

学生:第一空是 interest,第二空不会。

老师:好的,知道了,第一空正确!第二空文中没有直接给出单词,但是提到 since she was a little girl,用一个词来形容她的年龄大小,可以怎么说?

学生:young。

老师:非常好,就是它!这一题是怎么做出来的?

学生:因为句子里提到从她小时候开始就对表演感兴趣,也就是她很年轻的时候,所以填 young。

老师:说得很对,条理很清楚!

题型四:选词填空。

方法:先通读全文,再联系上下文使句意通顺。

题目举例:

A. different	B. everywhere	C. wears	D. possibly
E. films	F. more	G. anything	H. much

Mickey Mouse is __1__ the most famous Walt Disney character of all time. Someone once said he was __2__ famous than the President of the USA. Even two-year-old children know him when they see his huge ears.

Mickey Mouse has appeared in __3__ since 1928. Unlike the funny Goofy or the unlucky Donald Duck, he usually plays an ordinary guy.

Mickey Mouse has changed over the years. Nowadays, he is fatter, his ears move together, he has white patches around his eyes and he ___4___ different kinds of clothes in ___5___ films.

Nowadays we can see the shy, charming and happy Mickey Mouse ___6___: on T-shirts and mugs, on bed sheets and pencil boxes.

1. _____ 2. _____ 3. _____ 4. _____
5. _____ 6. _____

解析:通读全文之后,我们大致明白了整篇文章是介绍米老鼠的,包括它的外貌、性格等。接下来以空为单位,联系上下文答题。

解答:第1空,米老鼠可能是最有名的迪士尼角色,这样才说得通,而且 be 动词 is 的后面应该用副词修饰,所以选 D;第2空,有人曾经说过米老鼠比美国总统还有名,选 F,而且句中有 than,说明要填的词是比较级,进一步确定选项;第3空,自从1928年开始米老鼠就出现在了荧幕上,只有 E 选项合适;第4、第5空,他在不同的电影里穿着不同的衣服,这样句意才恰当,并且根据句子结构可知,第4空要填动词,第5空要填形容词,所以选 C 和 A;第6空,由下文"在 T 恤、杯子、床单和铅笔盒上"可知,米老鼠无处不在,所以选 B。

下面通过问答式教学法来指导学生如何解答这一题型。

老师:先把这8个单词读一下好吗?

学生：different，everywhere，wears，possibly，films，more，anything，much。

老师：读得很标准！possibly 是什么词性,表示什么意思?

学生：是副词,意思是可能地。

老师：是的,正确！然后请你把文章先通读一下好吗?

学生：好的。(学生通读完了全文)

老师：读得很自然,非常不错！文章大概讲了什么?

学生：文章是介绍米老鼠的,介绍了它的各个方面。

老师：是的,说得很对！想一想,第 1 空选哪个?

学生：选 D。

老师：正确,well done！第 2 空选什么?

学生：选 F。

老师：非常不错！接下来,第 3 空呢?

学生：选 B。

老师：好的,我们来看一下。选地点没错,除了 B 选项,还有哪个选项也跟地方有关?

学生：是 E,电影吗?

老师：对的,非常好！仅从这句来看,似乎 B、E 都可以,我们先来看看第 6 空,联系上下文,应该选哪个?

学生：选 B。

老师：非常不错！为什么呢?

学生：因为在第 6 空的后面提到了四个地方,举例说出了这么多地方,可以概括为 everywhere。

老师：很有道理,terrific！于是,用排除法,第 3 空的答案是？

学生：E。

老师：非常好！那么，以后做这种题型时，如果遇到某一空不确定的话，要怎么办呢？

学生：可以先做其他能确定的，再用排除法。

老师：You're right! Very good! 接下来第 4 空选什么？

学生：C。

老师：对的，well done! 然后第 5 空呢？

学生：A。

老师：非常好，都做对了！

题型五：根据短文，选择答案。

方法：先读懂问题，再带着问题阅读文章。选择时排除错的答案，确定对的答案。

题目举例：

(   ) 1. This passage mainly talks about _____.

A. why cars are very important

B. when light was invented

C. which country made the first step into space

D. how inventions affect people's life

(   ) 2. Nylon came out five years later than _____
____.

A. the radio   B. the camera

C. jet planes   D. movies

( ) 3. Which of the following is NOT true?

A. There were no inventions having as much effect as the wheel.

B. America, Russia, China and Japan began to explore the stars before 1969.

C. In the early 1800s people began to work instead of exploring more unknown land to make life better.

D. New inventions will change our life greatly in the future.

( ) 4. What does the phrase "a desire" mean in the underlined sentence?

A. A good way.　　　　B. A new invention.

C. A strong wish.　　　D. A wonderful idea.

( ) 5. Man didn't have a desire to explore a lot ____

____.

A. at the beginning of the 1800s

B. from the 1800s to the 1960s

C. in the 1960s

D. since the 1900s

解析:读完这 5 个问题后,我们发现想要答题,则需要概括大意、找句子、理解词义,因此对文章的每一段都要仔细朗读。

阅读原文:

There have been many great inventions or things that changed the way we live. The first great invention was the one that is still very important today—the wheel. This made it easier to carry heavy things.

For hundreds of years after that, there were few inventions that have as much effect as the wheel. Then in the early 1800s the world started to change. There was little unknown land left in the world. People didn't have to explore much any more. They began to work in order to make life better.

In the second half of the 19th century many great inventions were made. Among them were the camera, the light and the radio. These all play a big part in our daily life today.

The first part of the 20th century saw more great inventions. The helicopter in 1909, movies with sound in 1926, the computer in 1928, jet planes in 1930. This was also a time when a new material was first made. Nylon came out in 1935. It changed the kind of clothes people wore.

The middle part of the 20th century brought new ways to help people get over diseases. They worked very well. They made people healthier and allowed them to live longer. By the 1960s most people could expect to live to be at least 60.

By this time most people in developed countries had a very good life. Of course new inventions continued to be made. <u>But man had a desire to explore again.</u> The earth was known to man but the stars were not. Man began looking for ways to go into space. Russia made the first step. Then the United States took a step. Since then other countries, including China and Japan, have made their own steps into space.

In 1969 man took his biggest step away from earth. Americans first walked on the moon. This is certainly just a beginning, though. New inventions will some day allow us to do things we have never yet dreamed of.

解答:为了提高做题的正确率,对 4 个选项都要做判断,排除 3 个确定 1 个,这样就很有把握了。

第 1 题考察对文章大意的理解,前 3 个选项一读就发现以偏概全了,只有 D 符合,因为文章讲的是各种各样的发明。

第 2 题的关键词是"Nylon",在第 4 段能找到,它发明于 1935 年,1930 年发明了 jet plane,就在含"Nylon"一句的上文。

第 3 题要选出错误的一项,首先 4 个选项都要看一看,A 表示没有哪个发明像轮胎这么有影响力,说得太绝对了,原文说在轮胎发明后的几百年内没有同等重要的发明,而不是迄今为止,所以 A 错;继续看 B,全文按时间先后顺序来写,倒数第二段提到俄、美、中、日四国探索太空,最后一段提到 1969 年美国人登月成功,所以四国探索太空早于 1969 年是对的;再看 C,在第 2 段中能找到关键词"1800s",仔细对照上下文发现这个选项也是对的;最后看 D,新发明会极大地改变人们未来的生活,这与文末最后一句的意思是一致的,D 正确。综上,答案是 A,十拿九稳。

第 4 题的划线句出现在第 6 段,意思大致是"人们还想继续探索",desire 和"想、意愿"近似,所以应该选 C;再看看 A "好的方法",B"新的发明",D"奇妙的主意",放进原句都不太恰当;所以很明确,答案是 C。

第 5 题的关键词"explore"除了出现在第 6 段,还出现在第 2 段,这题只要聚焦第 2 段即可,阅读可知 in the early 1800s people didn't have to explore much any more,所以选 A,其他三个选项的时间都不对。

下面是问答式教学法的教学实例,引导学生掌握这类题目的解题方法。

老师:先把这 5 个选择题的题目读一下好吗?

学生:This passage mainly talks about。Nylon came out five years later than。Which of the following is NOT true。What does the phrase "a desire" mean in the underlined sentence. Man didn't have a desire to explore a lot.

老师:读得很到位,非常不错!Nylon 是什么意思?

学生:尼龙.

老师:好的,正确!读完题之后,根据要求,我们是否需要仔细读一下文章?

学生:需要.

老师:很好!为什么?

学生:因为需要解答大意概括题和判断正误题.

老师:是的,非常好!现在带着问题仔细默读一下全文吧,读好后请告诉我.

学生:(学生读完文章)好了.

老师:Very good!我们来做题,第1题的答案是什么?

学生:D.

老师:正确,excellent!第2题的答案是?

学生:C.

老师:非常不错!接下来,第3题选什么?

学生:D.

老师:好的,我们来看一看.这道题要选出错误的一项,为了提高正确率,需要对4个选项都判断一下吗?

学生:需要.

老师:嗯,是的,为什么?

学生:这样能提高正确率,解题更有把握.

老师:说得非常好!我们来看选项A,读一下好吗?

学生:There were no inventions having as much effect as the wheel.

老师:非常流利。这句话是什么意思?

学生:没有一项发明像轮胎这样有用。

老师:听上去有没有觉得太绝对了?

学生:是的。

老师:非常好! 我们来看第二段第一句,"For hundreds of years after that",指轮胎一直都是最有用的发明,还是在轮胎发明后的几百年内？

学生：是在轮胎发明后的几百年内。

老师：Very good。所以 A 对吗？

学生：A 是错的。

老师：Well done！我们继续看选项 B，请读一下好吗？

学生：America, Russia, China and Japan began to explore the stars before 1969。

老师：Wonderful，非常好！选项 B 对吗？

学生：是对的。

老师：嗯，是的，为什么？

学生：因为倒数第二段提到了这四个国家探索太空，时间上早于最后一段的 1969 年。

老师：说得很准确，非常不错！选项 C 对吗？

学生：对的。

老师：Very good！理由是什么？

学生：文章第二段提到"1800s"，并且提到了人们倾向于改善生活而不是探索更多的未知大陆。

老师：是的，说得非常好！选项 D 的中文意思是什么？

学生：新发明在未来会改善我们的生活。

老师：You translated well！那么，D 选项对不对？

学生：对的。

老师：好的，理由是什么？

学生：因为文章的最后一句话和它的意思是一样的。

老师：Well done！于是我们很明确，这题的答案是？

学生：A。

老师：非常棒！Terrific！接下来第 4 题，答案是什么？

学生：C。

老师：正确，非常好！然后第 5 题，选什么？

学生：B。

老师：对的，非常仔细！

题型六：完形填空。

方法：先通读全文，再联系上、下文选择最合适的选项。

题目举例：

My Travel Journal

September 13

I arrived in New York two weeks ago. I am writing this journal for one of my classes. My teacher says it is a good way for me to ___1___ writing in English and to write about my experiences here in the United States. So far, I like New York and my school. I have three classes a day. Most of my classmates come from Japan, Korea, Spain, Germany, and Brazil. There aren't many Vietnamese students, so I have to use English most of the time. I am learning a lot! I am living in student housing, and I have my own comfortable ___2___.

October 20

My English is hopeless! I was on the bus this morning

and a man spoke to me, but I hardly understood him. I was so embarrassed. Why is my English improving so __3__? I want to make lots of American friends, but this isn't happening so easily. I feel shy, and it is hard for me to talk to some people, even my classmates! I like them, but sometimes I can't understand them very well. I think I'm feeling homesick. I __4__ my friends and family. It would be happier to be with them.

October 27

I went to a school party last Friday and it was __5__. I talked with a Japanese man named Kenji, and an Italian woman named Carla. We talked about our countries' customs and our experiences in the States so far. We are going to walk around the city together this weekend. __6__, Kenji wants me to write for the student newspaper here at school. Maybe things are getting better!

1. A. like   B. practice
   C. remember   D. finish

2. A. room   B. house
   C. kitchen   D. study

3. A. fluently   B. easily
   C. slowly   D. clearly

4. A. love   B. miss
   C. enjoyable   D. boring

5. A. surprising   B. terrible

    C. enjoyable   D. boring

6. A. Instead   B. First

    C. However   D. Also

解析:读完文章,如标题所言,文章讲述一个越南学生来到美国游学的经历,其间遇到了困难也充满了希望。

解答:一旦理解了文章的大意,选择起来就得心应手了。

第1题,英语老师告诉作者练习写日记有助于提高英语,选 B 句意才通顺。

第2题,文中提到作者住在学生宿舍,他有自己舒适的房间,所以选 A,其他 3 个选项都不符合语境。

第3题,上文提到作者的英语很差,他觉得自己进步得很慢,所以只能选消极的词语,ABD 都不合适,C 正确。

第4题,上一句提到作者想家了,所以紧跟的这句话意思是"我想念亲人和朋友",选 B。

第5题,从下文可知,作者在派对上结识了新的朋友,情况好转了,所以派对是愉快的,选 C。

第6题,前面提到与朋友一起漫步城市,后面说起另一件事——为校刊撰文,两件事是并列关系,用 Also 合适,选 D。

下面是问答式教学法的实例。学生做错了第 3 和第 6 题,教师展开教学。

老师:完成得很不错,但我们再来看一看第 3 和第 6 题。在第 3 题前一句中,embarrassed 是什么意思?

学生:尴尬的。

老师:非常好! 所以他认为自己的英语水平怎么样?

学生:不好。

老师:是的。这 4 个选项中表示他学得不好,只有哪个选项?

学生:C。

老师:正确! 做完形填空要注意联系什么?

学生:联系上下文。

老师:说得很好! 为什么这一空选 C?

学生:因为上一句他很尴尬,说明他英语学得不好,所以只有 slowly 这个选项才符合。

老师:说得很有道理,very good! 然后我们来看第 6 题,请把这一问题前面的句子读一下行吗?

学生:We are going to walk around the city together this weekend。

老师:非常流利! 这句话说了什么?

学生:我们打算这个周末一起漫步城市。

老师:理解得很好! 然后第 6 空逗号后面的句子读一下可以吗?

学生: Kenji wants me to write for the student newspaper here at school.

老师:Fluent! 这句话的意思是什么?

学生:Kenji 想要我为学校的学生报撰写文章。

老师:Yes, you're right! 第 6 空的前后说了几件事情?

学生:两件。

老师:对的! 它们之间是什么关系?

学生:并列关系。

老师:非常好! 所以答案选哪个?

学生:D

老师:非常不错! 这一题是怎么做出来的?

学生:先理解这一题前面和后面句子的意思,发现它们是并列关系,于是只有选项 D also 符合。

老师:说得非常好,wonderful!

题型七:首字母填空。

方法:先通读全文,再联系上下文逐步靠近正确答案。

题目举例:

Once a tiger was caught in a cage. Soon a good man went by. When the tiger saw the man, the tiger began to s___1___, "Please! Please let me out." "No!" said the good man. "___2___ I do, you will eat me." "I will not eat you. I promise," the tiger said. The good man believed the tiger. He opened the door of the c___3___. The tiger jumped out. "How stupid you are!" the tiger laughed. "Now I am going to eat you." "Wait!" the man cried. "It is w___4___ for you to eat me. I helped you. Let us ask others what they think." The good man asked a tree. The tree said, "I give shade. Yet I am cut down. Let the tiger eat you." Next, the good man asked a bird. The bird said, "I h___5___ no one. Yet people hunt and kill me. Let the tiger eat you." For the l　6　 time the good man asked the road. The road said, "I don't care if the tiger eats you. People could not get along too well with me. Yet all day long people step on me without e　7　 saying a 'thank you'." The tiger was ready to eat the good man. Just then a dog came by. "What is happening?" asked the dog. The man told the dog the whole story. The dog didn't seem to understand the story, so the tiger and the man explained to him again and again. In the end, the tiger jumped back into the cage to show the story. At once, the dog closed the door of the cage, and left with the good man.

解析:通读全文了解了文章大意:一个男人放虎出笼,好心没好报,最后人类忠实的朋友——狗,救了好人一命。

解答:联系上下文,先猜测空格中可以填什么,然后寻找意思差不多、匹配首字母的单词。填空时要留意时态、单复数等细节。

第 1 空,下文是老虎并且语句中有感叹号,可见比起 say, shout 更贴切,此处 to 的后面填动词原形,构成不定式,所以答案是 shout。

第 2 空,好人一开始不愿意救老虎,给出了理由:如果我放了你,你会吃掉我,而且句子是主将从现,是 If...will... 的句型,所以答案填 If。

第 3 空,好人相信了老虎,打开了笼子的门,于是下文写道老虎跳了出来，答案是 cage。

第 4 空，上文说老虎要吃掉好人，好人说：等等！我可是帮了你的。显然好人觉得老虎做得不对，单词由 w 开头，"做得不对"也就是"做错了"，"错误"是 wrong，答案就得出来了。

第 5 空，鸟说自己没有对人做不好的事，却遭到了人类的捕杀。做不好的事，h 开头，hunt、hit、hurt······，这里"hunt猎捕""hit 击打"都不合适，而"hurt 伤害"合适，所以答案就是hurt。

第 6 空，好人提议问问其他人，他已经问了树和鸟，都得到了令人失望的答案，他再问路，是第三个，也是最后一个了，所以填 last。

第 7 空，路抱怨说人们整天踩在自己身上却连一句谢谢都没有，"却连"和答案很接近了，找到由字母 e 开头的词，有"竟然连""甚至连"的意思，甚至是 even，放进去正好合适。

以下通过问答式教学法来帮助学生纠错。学生做错了第1、第 4、第 5 和第 7 题。

老师：做得很认真，非常好！我们再来看一下第 1、4、5、7 题。

学生：好的。

老师：嗯。第 1 题的后面，Please 的后面是什么标点符号？

学生：感叹号。

老师：非常好！比起 say，有没有更符合语气的词语？

学生：shout。

老师：Very good！为什么 shout 更好？

学生：因为下文中有感叹号，shout 喊比 say 说更符合文义。

老师：说得非常不错，很到位！接下来第 4 空，老虎打算吃掉这个人吗？

学生：是的。

老师：没错！这个人救了它，它却要吃了他，所以这个人说老虎这么做是……？

学生：是错误的，填 wrong。

老师：非常好！Well done！为什么填 wrong 呢？

学生：因为联系上下文，这个人救了老虎，老虎却要吃了它，这么做是不对的。

老师：是的，理解得非常好！第 5 空后面的 Yet 是什么意思？

学生：还？

老师：这里是"然而"的意思。好的，这个词怎么读？

学生：Yet。

老师：很标准！表示什么意思？

学生：然而。

老师：非常好！将带 Yet 的句子读一下好吗？

学生：Yet people hunt and kill me.

老师：读得十分标准！这句话是什么意思？

学生：然而人们伤害我，屠杀我。

老师：You're right！这里前后形成对比，鸟儿有没有对人做什么坏事？

学生:没有。

老师:对的,也就是我(鸟儿)没有对人类怎样?

学生:哦,没有伤害,填 hurt。

老师:非常不错! 就是它! 这题是怎么做出来的?

学生:我没有伤害人类,而人类却要屠杀我,前后有对比,和 hunt、kill 意思相近的词是 hurt。

老师:非常聪明,说得很不错! 第 7 空的句子里有个 step,指什么意思?

学生:踩。

老师:正确! 这句话大致表示什么意思?

学生:然而人们踩在我身上却连句谢谢都没有。

老师:是的,非常好! 想一想 e 开头的单词,放在"却连句谢谢"的前面,用中文可以怎么说?

学生:……

老师:好的,我们想一想,然而人们踩在我身上甚……连句谢谢都没有。

学生:甚至。

老师:非常不错! 甚至用英文怎么说?

学生:Even。

老师:Excellent! 好的,这题是怎么做出来的?

学生:把句意补充完整,可以加上"甚至",意思就很连贯了,所以填 even。

老师:You're right! 理解得十分到位!

题型八:根据短文,回答问题。

方法:先读懂问题,再带着问题阅读文章。答案要与问题匹配。

题目举例:

1. Where did the boss put the chocolates?

_____

2. Did the boss know Grace ate the chocolates?

_____

3. How many chocolates did Grace eat?

_____

4. Who did the boss buy the chocolates for?

_____

5. What do you think Grace should do at last?

_____

解析:读完问题,了解了文章讲了 Grace 偷吃巧克力,而老板买巧克力并不是给她吃的。接下来带着问题有针对性地阅读文章。

阅读原文:

Grace is in chocolate trouble! Last week her boss, Mr Clark, came back from Europe and brought some chocolates into the office. At lunch, when she went to the office refrigerator to get her lunch, she saw the box of the chocolates there, and she thought it was for them! But for the rest of the day, her boss didn't say anything. She kept checking the refrigerator, and back at her desk. She couldn't stop thinking of the chocolates.

Then, around 4:00, she pretended to go for coffee, but in fact she went to the restroom and took out the box of the chocolates. She was only going to smell it. But when she had it in her hands, she thought, "It's OK. It's for us. Why not have my piece a little earlier?" So she opened it up and ate one and went back to her desk.

A bit later, Grace found herself back at the refrigerator. She looked at the box and noticed the box still looked full. She thought, "It doesn't matter for me to have a second piece." It was so delicious that she couldn't help eating a third, a fourth...until suddenly she had eaten half the box. She felt really stupid. She was afraid that others would find that. So she closed the box and tied the ribbon again.

The next day, Grace knew the chocolates were for an important guest. When the guest opened the box and it was half empty, Mr Clark felt so embarrassed. That was a week ago. But he still keeps asking who ate the chocolates. And all the others complain about that. Grace never thought this problem would get so big. What should she do? Should she give up her job? Tell her boss the truth? Just let it be? She's in so much trouble.

解答:答案要与问题在意思上连贯,并保持时态和数的一致。

第 1 题,回答 Where 要带介词,要用一般过去时。答案在第 1 段的第 3 句中。回答:In the office refrigerator.

第 2 题,回答一般疑问句用 Yes 或 No 的简答句,同样是一般过去时。由最后一段可知,老板在事发一周后依然在寻找谁偷吃了巧克力,所以答案是:No, he didn't.

第 3 题,要回答数量,第 3 段中写道"until suddenly she had eaten half the box",因此她吃了半盒,答案是:Half the box.

第 4 题,问老板给谁买了巧克力,答案在第 4 段第 1 句,回答:An important guest.

第 5 题,最后一题通常都是开放题,合理、没有语法错误即可。本题可以参考文末的最后 3 个问句来回答,任选其一即可。答案可以是:I think she should give up her job/tell her boss the truth/just let it be.

下面通过问答式教学法引导学生掌握这一题型的做法。

老师:请先把这 5 个问题读一下好吗?

学生:Where did the boss put the chocolates? Did the boss know Grace ate the chocolates? How many chocolates did Grace eat? Who did the boss buy the chocolates for? What do you think Grace should do at last?

老师:读得很流利,很自然! 文章的主人公是谁?

学生:Grace。

老师:非常好! 还有一个重要的人物是谁?

学生:她的老板。

老师:对的! Grace 做了什么事?

学生:她吃了老板的巧克力。

老师:理解得非常好! 然后带着问题默读文章,读完了告诉我好吗?

学生:(学生默读完了全文)好了。

老师:非常不错! 第 1 问,答案是?

学生:In the office.

老师:好的,已经很接近了。再看一看上下文,能不能更准确一点?

学生:In the office refrigerator.

老师:非常好! 这一题是怎么做出来的?

学生:一开始看到巧克力放进了办公室,但是下文还有更具体的地方,冰箱里,所以回答 In the office refrigerator.

老师:说得很完整,非常不错! 接下来第 2 问,怎么回答?

学生:No, he didn't.

老师:对的,you are right! 第 3 问,答案是什么?

学生:不知道。

老师:好的,我们来看一看。Grace 巧克力吃了一次还是吃了好几次?

学生:吃了好几次。

老师:对的! 最后她吃掉了多少?

学生:吃掉了半盒。

老师:非常不错! 答案怎么说?

学生:Half the box.

老师:Very good! 然后第 4 问,怎么回答?

学生:An important guest.

老师:正确,very good! 第 5 问,答案怎么说?

学生:······

老师:好的,这是一道开放题,只要言之有理就可以。请把最后一段"What should she do"后面的句子都读一下好吗?

学生:Should she give up her job? Tell her boss the truth? Just let it be? She's in so much trouble.

老师:读得很认真,很流利! 这里给出了 Grace 可以选择的几种做法?

学生:三种。

老师:非常好! 这三种做法都是合理的,所以可以任选其一作为答案,OK 吗?

学生:OK。

老师:非常好。答案怎么说?

学生:She should give up her job.

老师:非常不错! 或者答案还可以怎么说?

学生:She should tell her boss the truth.

老师:Well done! 这一问的解题思路是什么?

学生:因为是开放题,只要符合题意的答案都可以,最后一段给出了一些做法,任选一个即可。

老师:说得非常不错! Nice!

英语考题中有多种类型的题目,每一种题型都可以通过问答式教学法来指导学生。下面再以一道首字母填空题为例进行说明。

题目:

When you are on vacation without your parents, it's easy to f___1___ bored. How can you have a wonderful and enjoyable vacation without your parents? Here is some a___2___ that you can try.

Pack well

Remember to take sports shoes if you are interested in climbing the mountain. Carry an umbrella during the r___3___ and wet season. Always carry some fruit and foods with you. You can e___4___ some if you are hungry.

Keep busy

Find something interesting to do. You can visit museums, go to a summer camp, ride a bicycle, visit old buildings or go to buy something for your parents. If you make yourself busy e___5___, you will not think of your parents too much.

Call your parents

People seem to become happy and f___6___ all their worries after they call their parents.

Show photos to your parents

Take some photos during your vacation. Show them to

your parents when you get home. It will be fun to show them what a d___7___ your vacation makes. Have fun! Just enjoy your vacation, and know your parents are waiting for you at home.

老师:请先把全文默读一遍吧。

学生:好的。

(学生读题)

学生:老师,我读好了。

老师:哦,真不错! 文章讲了什么?

学生:如何享受独自旅行?

老师:理解得很好! 第1空填什么?

学生:feel。

老师:是的,正确! 第2空填什么?

学生:不知道。

老师:好的,没关系! 我们来逐一分析,这一篇的主旨是给出了几种方法帮助孩子在没有父母的陪伴下享受旅行。那么,全文给出了几种方法?

学生:4个。

老师:非常好! 这4个办法都是作者给大家的……?

学生:建议。哦,填advice。

老师:说得没错,well done! 第3空的答案是什么?

学生:rainy。

老师:对的,非常好! 第4空呢?

学生:eat。

老师:非常不错! 第 5 空填什么?

学生:没想出来。

老师:好的! 我们来看,文中的意思是让自己"忙碌起来"的话,就不会怎么样?

学生:想念父母了。

老师:是的,说得很对! 那么,就得是"一点忙"还是很忙?

学生:很忙。

老师:没错!"很忙"也就是怎么样地忙? 想想 e 开头的单词。

学生:非常忙,十分忙。

老师:说得非常好! 意思很接近了,如果用 e 开头的词,表示?

学生:足够忙,enough。

老师:Very good! 怎么想到 enough 这个词的?

学生:根据句意,"让自己很忙",也就是"足够忙",答案是 enough。

老师:说得很完整,很有条理! 请把句子读一下吧!

学生:If you make yourself busy enough, you will not think of your parents too much.

老师:Excellent,读得很流利! 第 6 空填什么?

学生:forget。

老师:正确,非常好! 第 7 空呢?

学生:不知道。

老师:没关系! 我们来看,拍照片给父母看,是什么时候拍的照片?

学生:旅行的时候。

老师:没错!旅行时拍的照片和在家里拍的照片一样吗?

学生:不一样。

老师:说得非常好!所以第 7 空填什么?

学生:different。

老师:好的,很不错!很接近了。前面有个 a,所以应该填什么词性的词?

学生:名词。

老师:对!所以答案是什么?

学生:difference。

老师:非常好!第 7 空是怎么做出来的?

学生:旅行途中拍的照片和平时的不同,之所以不填 different 是因为前面有 a,应该填名词。

老师:说得很有道理,很完整!把句子读一下吧。

学生:It will be fun to show them what a difference your vacation makes.

老师:Well done. Terrific!

英语写作教学

原 理

可以围绕两方面来指导学生写英语作文,一是构思,二是表达。关于构思,首先应掌握"总-分-总"的结构(高年级学生要掌握分段),并纠正全文逻辑条理方面的问题;关于表达,纠正学生在逻辑、语法、拼写、标点上出现的错误。最后让学生誊写巩固,积累其中的"好词、好句、好段落",还可以背诵全文。

实践

举例说明,引导学生,纠正其在谋篇布局上出现的问题。以下是学生写的作文。

A day in my teacher's life

Miss Shi is my English teacher. She is warm-hearted and friendly. She always gets to school at 6:50 p. m. Then she gives us two lessons in the morning. In the afternoon, she prepares for tomorrow's lessons. After school, she often corrects our homework. All in All, Miss Shi is a good teacher.

老师:全文想表达 Miss Shi 是一位怎样的老师?

学生:热心友善的。

老师:对,没错!但是,你想想通过描写她上课、备课、批作业等,能体现她的热心友善吗?

学生:哦,不能。应该换成其他事来表现她的热心和友善。

老师:说得很对,非常好!什么事能体现她的热心和友善呢?

学生:比如主动为我答疑解惑,跟同学们一起做游戏,这样对吗?

老师：是的，这样完全可以！再想一想，还有什么事能表现出她是热心、友善的？

学生：嗯……没想到。

老师：好的，没关系！比如有一次下雨我没带伞，她送我回家，或者我生病了她到家里来看望我，这样可以吗？

学生：是的，可以。

老师：好的！还能举出什么她热心友善的例子吗？

学生：我想想。

老师：嗯，好！

学生：我生病了，她把笔记和作业带给我。

老师：非常好！那么我们要怎么修改作文呢？

学生：把我之前写的这些事换成能体现她热心友善的事。

老师：说得很有道理，非常不错！

原理

先帮助学生纠正作文构思上的问题，接着纠正表达上的问题。这样符合写作的先后顺序，也符合理解的逻辑顺序。

实践

继续刚才的师生互动，在表达方面纠错。

老师：6:50 p.m. 对吗？

学生：不对。应该是 a.m. 才对。

老师：没错！为什么呢？

学生：因为 p.m. 是下午，老师到校的时间应该是上午 6 点

50 分。

老师:说得很对! 把修改后的句子读一下吧。

学生:She always gets to school at 6:50 a. m.

老师:朗读得很流利,很准确! All in All 有什么问题吗?

学生:哦,第二个 All 要小写。

老师:非常好! 为什么?

学生:因为它不在句首。

老师:是的,you are right!

再举一个例子,这个例子是教师帮助学生纠正表达上的错误。以下是学生写的文章。

Signs in our school

There are many kinds of signs in the world, such as warning signs, information signs, instruction signs and direction signs. They are very important to us and we can find them everywhere. For example, we can find the sign means be careful with hot water near the water dispenser. It is also easy to find the sign means be careful going up and down stairs. To keep us safe, we should obey the rules and had better do the things on the sign.

老师:we can find them everywhere,在任何地方都能找到指示牌的话,是不是说得过于绝对了?

学生:是的。

老师:好! 文章的标题是 Signs in our school,我们可以把地点范围限定在什么之内?

学生:学校。

老师:非常好! 这句话改成了什么?

学生:They are very important to us and we can find them everywhere in our school.

老师:很准确,very good! we can find the sign means be careful with hot water,我们能发现一个"当心热水"的指示牌,还是我们能发现那个"当心热水"的指示牌?

学生:发现一个。

老师:非常不错! 需要用 the 特指吗?

学生:不用。

老师:You're right! 那么把 the 改成什么?

学生:a。

老师:非常好! 句中既有动词 find,又有动词 means,而中间没有连词,一个简单句里出现两个谓语对吗?

学生:不对。

老师:是的! 我们可以加入从句,或者把 means 改成非谓语动词的形式,这里想怎么改?

学生:用从句吧。

老师:好的! 怎么样的指示牌?

学生:意思是"当心热水"的指示牌。

老师:说得没错! 所以是什么从句?

学生:定语从句。

老师:非常好! 引导词用什么?

学生:which。

老师:正确! 这句话要修改几个地方?

学生:两个。

老师:是的! 怎样修改?

学生:首先,the 要改成 a,因为这里的 sign 不用特指;然后,简单句里不能有两个谓语,所以在 means 前面加上引导词 which,变成定语从句。

老师:说得非常好,很完整! 把修改好的句子读一下吧。

学生:For example, we can find a sign which means be careful with hot water near the water dispenser.

老师:Very fluent! Well done! It is also easy to find the sign means be careful going up and down stairs 这句,发现什么问题了吗?

学生:一个是不用特指,一个是谓语的问题。

老师:非常不错! 前文举了一个指示牌的例子,这里再举一个例子,用 a 好,还是用 another 好?

学生:another。

老师:对的! 为什么?

学生:因为"另一个"比"一个"放在句子里更通顺。

老师:很有道理! 关于谓语的问题,我们让句型更加多样化,除了加入从句,还能怎么修改?

学生:用非谓语动词。

老师:说得很对! 表示主动,还是表示被动?

学生:表示主动。

老师:没错! 所以把 means 改成什么?

学生:改成 meaning。

老师:Very good! 把修改后的句子读一下吧。

学生:It is also easy to find another sign meaning be careful going up and down stairs.

老师:非常好,读得很标准! had better do the things on the sign,指示牌应该用单数还是复数?

学生:复数。

老师:非常不错! 为什么?

学生:因为学校里的指示牌不可能只有一块,用复数更合理。

老师:说得很有道理! 这句的意思是"最好做指示牌上的事情",意思能理解,不过听上去符合语言习惯吗?

学生:不符合。

老师:对的! follow the words on the signs 就顺畅了。应该改成什么?

学生:follow the words on the signs.

老师:Excellent! 把修改好的句子读一下吧。

学生:To keep us safe, we should obey the rules and had better follow the words on the signs.

老师:非常流利! Marvelous!

英语口语教学

原理

在口语教学中，针对基础扎实的学生可以全程用英语教学，锻炼学生的口语能力。尽量多让学生表达复杂的长句，这是很有效的方法。问答式教学法同样适用于口语教学。下面举例说明。

实践

（老师和学生玩 4 Pics 1 Word 的游戏，如图 1-3 所示）

图 1-3　4 Pics 1 Word

老师：How long is the word?

学生：Seven letters.

老师：Well done! What can you see in the first picture?

学生：A frog.

老师：Yes! What is it doing?

学生：It is drinking.

老师：What do you think it is drinking?

学生：A kind of soft drink.

老师：Excellent! I think so too. What is the frog eating?

学生：Maybe popcorn.

老师：Very good! Could you give me a whole sentence to describe picture one?

学生：A frog is drinking a kind of soft drink and eating some popcorn too.

老师：Wow，wonderful! What can you see in the second picture?

学生：Corns，I think.

老师：You're right! So did you get the answer to the game?

学生：Popcorn.

老师：Yes，awesome! Why is the third picture also related to popcorn?

学生：Because popcorn is made of corns.

老师：Very good! What is in picture four?

学生：A cup of juice and a bowl of popcorn.

老师：Yeah, well done! Do you like popcorn?

学生：Yes, I do.

老师：Why?

学生：Because it is sweet and yummy.

老师：Yes, I agree! So how did you find the anwer is popcorn?

学生：In the first picture we can see a frog is eating popcorn, and picture two and picture three both show some corns. Popcorn is made of corns. In the last picture, I can also see popcorn. So I find out the answer is popcorn.

老师：Very well! Excellent!

第二章 语文教学

◆ 古诗文教学

原理

以某一位古诗文作者为起点,按照他的人生轨迹,即在不同的时间背景下学习他所写的诗文,这样能让学生产生很好的带入感,引起他们的学习兴趣,也能更好地理解作者的思想感情。

实践

下面以南唐词人李煜为例进行举例说明。

渔父·一棹春风一叶舟

一棹春风一叶舟,一纶茧缕一轻钩。花满渚,酒满瓯,万顷波中得自由。

解析:作者在当上国君之前,为了避免野心勃勃的大哥的猜疑,特意在《春江钓叟图》上题词,以表避祸之心和遁世之思,从而躲开了杀身之祸。李煜的兄长中,从二哥到五哥都死得很早,在他大哥离奇地死亡之后,他这个六弟继承了皇位。

玉楼春·晚妆初了明肌雪

晚妆初了明肌雪,春殿嫔娥鱼贯列。笙箫吹断水云闲,重按霓裳歌遍彻。

临春谁更飘香屑?醉拍阑干情味切。归时休放烛光红,待踏马蹄清夜月。

解析:李煜懂音律,善诗画,却不懂治国。他在位期间,耽于享乐,奢靡无度,从这首词中呈现的歌舞宴乐盛况可窥见一斑。

虞美人·春花秋月何时了

春花秋月何时了?往事知多少。小楼昨夜又东风,故国不堪回首月明中。

雕栏玉砌应犹在,只是朱颜改。问君能有几多愁?恰似一江春水向东流。

解析:亡国后,李煜成为阶下囚,回想自己做国君时的逍遥日子,和当下的处境真是天差地别。他的悲伤无穷无尽。

教师可以按照时间顺序介绍李煜的生平,同时解析他的作品,这能让学生对作者及其作品有全面深刻的认识。

教学过程中,同样可以使用问答式教学法。

(教师播放关于作者生平的介绍视频,学生一边观看,教师一边提出问题）。

　　老师：我们今天学习谁的作品？

　　学生：李煜的词。

　　老师：是的！李煜是南唐后主，南唐处于什么时期？

　　学生：不知道。

　　老师：好的！（老师展示一幅五代十国时期的地图）唐朝经由安史之乱逐渐衰弱，灭亡之后，进入了五代十国时期。五代指中国中原地区相继出现了五个朝代，即后梁、后唐、后晋、后汉和后周，而十国指割据西蜀、江南、岭南和河东的十个政权，李煜正是五代时期十国之一的南唐的第三个皇帝。南唐的开国皇帝是他的爸爸，还是爷爷？

　　学生：爷爷。

　　老师：没错！李煜的爷爷叫李昪，爸爸叫李璟。李璟同样是一位杰出的词人，李璟与李煜撰有《南唐二主词》，"南唐二主"是哪两个人呢？

　　学生：李璟和李煜。

　　老师：非常好！李煜在兄弟中排行第六，想一想，一般情况下会轮到他做皇帝吗？

　　学生：不会。

　　老师：对的！他有一位野心勃勃的大哥，为了避嫌，免遭杀身之祸，李煜在画上题词，暗示哥哥自己不会跟他争夺皇位。于是就有了这首《渔父·一棹春风一叶舟》。（把讲义发给学生，里面包含注释）请把整首词读一下吧！

　　学生：一棹春风一叶舟，一纶茧缕一轻钩。花满渚，酒满瓯,万顷波中得自由。

老师:读得很有感情!"棹"是什么意思?

学生:划船用的船桨。

老师:准确!渔父驾着一叶扁舟,迎面吹来了……?

学生:春风。

老师:是的!"茧缕"是什么意思?

学生:丝线,这里指渔弦。

老师:非常好!渔父放下一只轻钩在干什么呢?

学生:钓鱼。

老师:没错!三点水加者,这个字怎么读?

学生:渚。

老师:正确!它是什么意思?

学生:水中的小块陆地。

老师:非常好!(老师指着"瓯")这个字怎么读?

学生:ōu。

老师:对!它的意思是什么?

学生:装酒的器具。

老师:非常不错!渔父欣赏着沙洲上的春花,品味着满壶的美酒,心情怎么样?

学生:十分快乐。

老师:说得很对!还有呢?

学生:十分悠哉。

老师:很好!"万顷波中得自由",渔父在起伏的波涛中自由自在地垂钓,看起来怎么样?

学生:很潇洒。

老师:是的,确实很潇洒! 这首词是李煜当上皇帝之前写的,还是之后写的?

学生:之前写的。

老师:非常好! 他为什么写这首词呢?

学生:为了暗示哥哥,向哥哥表明自己没有野心。

老师:说得很对! 整首词表现了怎样的渔父形象?

学生:自由自在、逍遥快活的渔父形象。

老师:理解得非常好! 这表达了作者怎样的思想?

学生:他不贪图权力,而是热爱自由。

老师:说得非常不错!

▶ ─── 作文教学 ───

原理

想要写好作文,主要训练两方面的能力,即构思和表达。作文教学也从这两方面着手,简单来讲:①确定中心思想、确定结构;②学会借鉴,重视积累。

实践 1

以作文题"最幸福的时刻"为例,讲解如何构思。

老师:你觉得做什么事的时候最幸福?

学生:读书的时候。

老师:好的,明白了,非常不错!那为什么你读书的时候最幸福呢?

学生:因为读书让我学到了很多知识,比如我喜欢读历史方面的书籍,读书就让我了解了很多古代的文化。

老师:哦,原来如此,说得很有道理!你喜欢读谁的作品?

学生:李白和李煜的。

老师:好的。如果要写这篇文章,你准备先写谁呢?

学生:李白。

老师:为什么?

学生:因为李白生活在唐代,在时间上讲更早。

老师:是的,说得很对!再来看读书的作用,学习知识,比如历史知识和文化知识,应该先写哪个呢?

学生:历史知识,因为历史知识较具体,文化更宽泛,由浅入深,先写了解历史知识更合理。

老师:想得很周到,非常好!整篇文章的结构是怎么样的?

学生:先总起点题,读书是最幸福的时刻,接着写通过读李白的作品了解了很多历史知识,再写读李煜的作品,除了了解历史知识,还了解了很多文化知识,最后点题升华,读书令我感悟历史,品析文化,体会人生。

老师:说得很棒,条理很清楚!

提示:

(1)学生想要提高写作表达能力,最好能够定期背诵好的词、句或段落,在写作时将记忆的内容适当修改,融入自己的文章里。

（2）多写才能有提高，教师应鼓励学生勤动笔，日积月累，写作水平一定会有提升的。

实践 2

举例说明如何帮助学生调整构思。以下是学生写的作文。

开学第一课学习体会

度过了一个美好又充实的假期，回到了校园的我们迎来了一个崭新而又充满期待的新学期，以及我们的开学第一课。

在新学期第一节课的课堂上，肖老师和周老师一起热情地为我们展开了这节课的主题——安全教育，从我做起。围绕这个主题，整堂课分为四个部分：一是消防安全；二是交通安全；三是人身安全；四是食品安全。在课堂中大家分成红蓝两队，进行了一场虚拟城市安全知识大闯关的比赛，还邀请了四位嘉宾老师为大家授课。

首先是消防安全环节，通过观看同学们在台上精彩的演示和演绎，以及聆听嘉宾老师的授课，我们了解了在发生火灾时将湿毛巾叠几层后捂住口鼻，并使自己尽量低下身体逃生，还应拉响警报器，如有人员被困要及时拨打火警电话，说明地址、着火点以及是否有人员被困等。

其次是交通安全环节，在此环节中，同学们用精彩的回答配合嘉宾老师的讲解，大家都清楚地认识到安全问题不容轻视，过马路千万要遵守交通规则，不闯红灯，不跨越栏杆，行人要走斑马线，骑车不走快车道，12 岁以下儿童不能骑车上公路,等等……

然后是人身安全环节……

开学第一课的内容丰富多彩,使我受益良多,感谢老师们的谆谆教诲!

老师:作文的主题是什么?

学生:开学第一课的学习体会。

老师:是的。那么,应当重点写开学第一课的内容,还是你的体会?

学生:我的体会。

老师:说得没错! 看看自己的文章,发现问题了吗?

学生:哦,我写了很多开学第一课的内容,却没有写体会。

老师:对,说得非常好! 让我们重新调整构思,是先写第一课的内容,还是先写体会呢?

学生:第一课的内容。

老师:是的,没错! 接着再写什么呢?

学生:我的体会。

老师:非常好! 整篇文章的结构应该是怎么样的?

学生:首先总起,介绍上了开学第一课,接着简单介绍第一课的内容,然后详写我的体会,最后总结与开头呼应。

老师:想得很周全,说得非常不错!

实 践

举一个在表达上引导学生去改正的例子。以下是学生写的作文开头。

那一刻，我长大了

跑步比赛胜利之后，我感觉我长大了。

跑步比赛之前，我紧张万分，身体在微微地颤抖着，鸡皮疙瘩都竖起来了。听老师说。我两个两个跑。于是我用手指数了数，我吃惊地发现，我竟然要和跑步非常快的小相一起跑。

老师：嗯，文章写得有进步！第一段应该和标题怎么样呢？

学生：和标题呼应，点题。

老师：是的，非常好！怎么样把"那一刻"放进去呢？

学生：我想想。

老师：好的。

学生：跑步比赛胜利之后，那一刻，我感觉，我长大了。

老师：哦，非常不错！是跑步比赛胜利的那一刻，还是胜利之后的那一刻？

学生：应该是跑步比赛胜利的那一刻。

老师：非常不错！两个"我"字，能不能换掉一个，让句子读起来更通顺？

学生：可以。

老师：好！那应当怎么修改？

学生：我感觉自己长大了。

老师：真不错！读一下修改后的第一段吧。（学习英语的方法同样可以用在语文学习中，让学生朗读既增强了语感，又加深了印象）

学生：跑步比赛胜利的那一刻，我感觉自己长大了。

老师:非常好! 第二段"跑步比赛之前"有没有与前文重复?

学生:是的,"跑步比赛"重复了。

老师:对的,怎样修改能避免重复?

学生:比赛开始之前。

老师:完全可以,很不错!"身体在微微地颤抖着",哪个字可以删去,让表达更简洁?

学生:在。

老师:没错! 读一下修改后的内容吧。

学生:身体微微地颤抖着。

老师:非常好!"听老师说",是指教什么课程,姓什么的老师?

学生:是教体育的顾老师。

老师:好的,如果改成"听教体育的顾老师说",有什么优点?

学生:更加明确。

老师:说得没错,更加明确。有没有感觉更真实,更有说服力?

学生:有。

老师:嗯,很好!"我两个两个跑",这里用"我"对不对?

学生:不对,应该是"我们"。

老师:嗯,说得很对!"两个两个跑"是不是"两人一组赛跑"的意思?

学生:是的。

老师：好！写成"我们两个两个跑"更好，还是"我们两人一组赛跑"更好呢？

学生：我们两人一组赛跑。

老师：确实是！为什么？

学生：这样说得更清楚，更好理解。

老师：对，说得非常好！"于是我用手指数了数"，能不能用一个动词来替换普通的"用"字？

学生：好的，掰。

老师：这个动词很合适！请将修改后的内容读一下吧。

学生：于是我掰手指数了数。

老师：读得很投入，很不错！"于是我掰手指数了数，我吃惊地发现，我竟然要和跑步非常快的小相一起跑"，这部分听起来怎么样？

学生：重复，不自然。

老师：很有道理！哪里重复了？

学生：三个"我"。

老师：是的！那要怎样修改？

学生：将后面的两个"我"去掉。

老师：非常好！读一下修改后的内容吧。

学生：于是我掰手指数了数，吃惊地发现，竟然要和跑步非常快的小相一起跑。

老师：读得很流利！感觉文章通顺了吗？

学生：是的。

老师：嗯，确实！"跑"字有没有重复，读起来不舒服？

学生:嗯。

老师:好的! 跑步非常快,就像什么?

学生:飞毛腿。

老师:是的,形象而且贴切! 我们来比较一下,"竟然要和跑步非常快的小相一起跑"和"竟然要和有'飞毛腿'之称的小相一组",哪个更好?

学生:竟然要和有"飞毛腿"之称的小相一组。

老师:非常好! 为什么?

学生:因为这样更通顺,更形象。

老师:说得很对! 后面用句号还是感叹号呢?

学生:感叹号。

老师:没错! 为什么呢?

学生:因为用感叹号更能表现出我的吃惊。

老师:是的,说得很好! 请把修改后的第二段读一下吧。

学生:比赛开始之前,我紧张万分,身体微微地颤抖着,鸡皮疙瘩都竖起来了。听教体育的顾老师说,我们两人一组赛跑。于是,我掰手指数了数,吃惊地发现,竟然要和有"飞毛腿"之称的小相一组!

老师:读得很仔细,很准确! "我们两人一组赛跑"这里,能不能加个字让句子更加通顺?

学生:我们要两人一组赛跑。

老师:语感很不错,说得很对!

第三章　数　学　教　学

▶ 数学基础知识查缺补漏

原理

　　学习数学就像造金字塔,如果下层不稳,上层就无法搭建。因此在辅导学生学习数学时,应先考查学生对基础知识的掌握情况,一旦发现学生对某一知识点未掌握,可以询问与之相关的更基础的知识,不断地"向前检查",从最初有漏洞的地方开始补起。

实践

　　廖同学不会做异分母分数的加减法,应当从更基础的知识最小公倍数开始,逐层补齐知识漏洞。以下是运用了问答式教学法的实例。

　　老师:36 和 48 的最小公倍数是多少?

　　学生:不会。

老师:好的,没关系,我们来慢慢分析。18 和 27 的最大公因数是多少?

学生:也不会。

老师:好,那么对 45 怎样分解素因数?

学生:不知道。

老师:好的,那什么是素数?

学生:只有 1 和它本身两个因数的正整数。

老师:说得很准确,非常好! 那什么是合数呢?

学生:除了 1 和它本身以外,还有别的因数。

老师:是的,理解得很好! (逐层检查后发现,学生最初的知识点漏洞是分解素因数,于是从这里讲起)每个合数可以分解成几个素数相乘的形式,这就是分解素因数。比如 15 可以怎么分解?

学生:3 乘以 5。

老师:对,正确! 3 和 5 就是 15 的素因数。那么 18 的素因数有哪些?

学生:2 和 3。

老师:非常好! 几个 3?

学生:2 个。

老师:没错! 所以对 18 分解素因数,等于哪些数相乘?

学生:$18＝2×3×3$。

老师:非常不错,理解准确! 我们可以用短除法来表示,像这样(在纸上写出):

$$2\underline{|18}$$
$$3\underline{|9}$$
$$3$$

$$18 = 2 \times 3 \times 3$$

那么,对 28 分解素因数,用短除法怎么表示?

学生:(在纸上写出)

$$2\underline{|28}$$
$$2\underline{|14}$$
$$7$$

$$28 = 2 \times 2 \times 7$$

老师:非常不错! 8 和 10 公有的因数有哪些?

学生:2 和 4。

老师:1 是它们公有的因数吗?

学生:是的。

老师:好的,没错! 在这 3 个公因数中,最大的是哪个?

学生:4。

老师:非常好! 我们称它为最大公因数。18 和 27 的最大公因数是几?

学生:9。

老师:算得很仔细,很不错! 9 和 11 的最大公因数是多少?

学生:1。

老师:非常好! 如果两个整数只有公因数 1,我们称它们为互素。你能举出互素的两个数吗？

学生：2 和 5。

老师：说得很对！除了心算求出最大公因数，我们还可以用短除法。比如（在纸上写出）：

$$
\begin{array}{r|rr}
2 & 36 & 42 \\
3 & 18 & 21 \\
\hline
 & 6 & 7
\end{array}
$$

36和42的最大公因数是2×3＝6

求 20 和 30 的最大公因数用短除法怎么算？

学生：（在纸上写出）

$$
\begin{array}{r|rr}
2 & 20 & 30 \\
5 & 10 & 15 \\
\hline
 & 2 & 3
\end{array}
$$

20和30的最大公因数是2×5＝10

老师：写得很细心，非常不错！2 的倍数有哪些？

学生：2，4，6，8……。

老师：是的，非常好！4 的倍数有哪些？

学生：4，8，12，16……。

老师：对，没错！4 和 8 是它们的公倍数。那 2 和 4 的最小公倍数是几？

学生：是 4。

老师：正确！当第二个整数是第一个整数的倍数时，哪个数是这两个数字的最小公倍数？

学生：第二个数。

老师：非常好！想一想，3 和 4 的最小公倍数是多少？

学生：是 12。

老师：好的，计算准确！如果两个整数互素，它们的最小公倍数怎么算？

学生：是它们的积。

老师：对，理解得很到位！除了心算出最小公倍数，我们也可以用短除法来算，把两个整数全部公有的素因数和各自剩余的素因数乘起来。比如（在纸上写出）：

$$\begin{array}{r|rr} 3 & 30 & 45 \\ 5 & 10 & 15 \\ \hline & 2 & 3 \end{array}$$

30和45的最小公倍数是3×5×2×3＝90

求 24 和 36 的最小公倍数，用短除法怎么做？

学生：（在纸上写出）

$$\begin{array}{r|rr} 2 & 24 & 36 \\ 2 & 12 & 18 \\ 3 & 6 & 9 \\ \hline & 2 & 3 \end{array}$$

24和36的最小公倍数是2×2×3×2×3＝72

老师：很准确，非常好！做异分母分数的加减法，先把分母化成相同的，称为通分，也就是求两个分母的最小公倍数，然后再把分数相加减。比如 $\dfrac{2}{3} - \dfrac{1}{2}$，3 和 2 的最小公倍数是几？

学生：6。

老师：非常不错！$\frac{2}{3}$ 就化成了六分之几？

学生：$\frac{4}{6}$。

老师：正确！$\frac{1}{2}$ 就化成了六分之几？

学生：$\frac{3}{6}$。

老师：对的！于是 $\frac{4}{6} - \frac{3}{6}$，等于多少？

学生：$\frac{1}{6}$。

老师：是的，很准确！$\frac{1}{4} + \frac{3}{8}$ 怎么做？

学生：4 和 8 的最小公倍数是 8，$\frac{1}{4}$ 化成 $\frac{2}{8}$，$\frac{2}{8} + \frac{3}{8} = \frac{5}{8}$。

老师：是的，非常好！掌握得很棒！

▶————— 数 学 纠 错 —————

原理

　　学生会在同一类题上反复出错，原因可能是理解不够或者知识点未记牢或者没有变通应用的意识。针对这三类问题，可按实操中的 3 个步骤，对症下药。

实践

通过引导理解、教师给出同类题、学生自己给出同类题这3个步骤能有效地解决反复出错的问题。

以下列举计算题的例子,其他题型同样适用。

学生将题 $277-66+34$,添加括号优先计算了 $66+34$,得到了错误的结果 177

老师:$277-66$ 是多少?

学生:211。

老师:算得很仔细,准确! $211+34$ 等于多少?

学生:245。

老师:非常好! 结果是 245,而不是 177。为什么 $66+34$ 的外面不能添括号呢?

学生:哦,前面是减号,添加括号后,括号内的符号要改变。

老师:说得很对! 原式相当于 $277-(66-34)$ 还是 $277-(66+34)$ 呢?

学生:原式相当于 $277-(66-34)$。

老师:是的,非常不错! 我再给出一道同类题,你来做一做吧!

学生:好的。

老师:嗯! $349-155+45$,应该怎么做?

学生:先算 $349-155$ 等于 194,再算 $194+45$ 等于 239。

老师:正确,算得非常好! 为什么不能直接加括号?

学生:因为 155 的前面是减号,如果加括号的话,括号内的加号就要变成减号了。

老师：说得很有条理，很完整！你自己来出一道同类题吧！

学生：好的。$427 - 286 + 14$。首先 $427 - 286$ 等于 141，再 $141 + 14$ 等于 155。

老师：非常好，计算准确！

再举一个应用题的例子。

学生：老师，这题我不会。

老师：好的，知道了，先把题目读一遍吧！

学生：某厂有一个蓄水池，可蓄水 900 吨，池内原有水 100 吨，现以每小时 15 吨的速度注入水，t 小时后，池内蓄水量是 Q 吨，求 Q 与 t 之间的函数关系式，并求 t 的取值范围。

老师：读得很仔细，非常不错！如果不注水，池里有多少吨水？

学生：100 吨。

老师：是的，正确！每小时注水 15 吨，那么 t 小时注水多少吨？

学生：$15t$ 吨。

老师：非常好！这时池里共有多少吨水？

学生：$(15t + 100)$ 吨。

老师：对，没错！所以 Q 等于什么呢？

学生：$Q = 15t + 100$

老师：准确，非常好！t 取 0 可以吗？

学生：可以，表示这时还没开始注水。

老师：是的，理解得很好！Q 最大是多少？

学生：900。

老师：非常不错！这时 t 是多少？

学生：$(900-100)\div15$，我算一下。

老师：好的！

学生：t 是 $\dfrac{160}{3}$。

老师：算得很准确！t 的取值范围是什么？

学生：$0\leqslant t\leqslant\dfrac{160}{3}$。

老师：非常好！来做一道同类题吧。有一个蓄水池可蓄水 1 200 吨，池内原有水 200 吨，现以每小时 20 吨的速度注入水，x 小时后，池内蓄水量是 y 吨，求 y 与 x 之间的函数解析式，并求定义域。

学生：好的。$y=20x+200(0\leqslant x\leqslant50)$。

老师：掌握得非常好！你来出一道同类题吧。

学生：好。有个蓄水池可蓄水 800 吨，池内原有 100 吨水，现以每小时 10 吨的速度注入水，t 小时后，池内蓄水量是 A 吨，求 A 与 k 之间的函数关系式，并求定义域。

老师：很不错！这题怎么解？

学生：$A=10t+100(0\leqslant t\leqslant70)$。

老师：正确，非常好！

第四章　其他教学经验

▶── 根据学生的能力来定制并优化课程 ──

原理

在一对一的教学过程中，教师会把全部的精力放在一个学生身上，因此能充分地进行私人订制，做到因材施教。

实践

举两个学生学习数学的例子。一个是郭同学，思维活跃而聪明，给她上课时就要教综合性的难题，帮助她拓展提高；另一个是张同学，虽然已上初中了但是对小学的基础知识仍没有掌握好，教她时需要先巩固小学的知识，选取核心的内容，帮助她尽早衔接目前的学习进度。

▶— 将学生的兴趣和学科知识联系起来 —

原理

这样能有效地激发学生对学科的热情。他会发现,原来学好这门学科,对自己的兴趣爱好也有帮助。

实践

杨同学喜爱 NBA,于是在刚开始上课的热身环节,教师会让他看自己喜欢的各个篮球明星的视频集锦、采访、纪录片等,都是原汁原味的英语视频。他很感兴趣,但要完全看懂仍有难度,这就激发了他学好英语的热情。

▶— 简单高效的记忆方法 —

原理

重复是记忆的基本方法,因此培养学生每天朗读新学的知识,十分简单且记忆效果良好。

实践

和学生、家长积极沟通,让学生每天朗读并录音,发给老师检查。

以下是注意事项：

（1）每天朗读是一个新的习惯，对学生来说具有挑战性，老师应当及时鼓励，学生一有进步就给予肯定。

（2）实际很难达到每天朗读，学生能坚持每周有至少4天能够朗读就能有很好的效果。

（3）朗读的内容要根据课程安排及时调整，精选核心知识，尽可能把时间控制在几分钟内。

请学生复述完整的解题过程

原理

请学生完整地讲解一遍解题过程，既能锻炼学生的思维能力，帮助学生变得更加严谨仔细，又能使其刚学到的知识得到巩固。各个学科的教学辅导都可采用此方法。

实践

先举一个英语教学的例子。

老师：请把题目读一下吧！

学生：There are a lot of _____ (foreign) living and working in Shanghai now.

老师：读得很流利，非常不错！of 的词性是什么？

学生：介词。

老师：是的！介词后面跟什么词性的词？

学生:名词。

老师:对,正确! foreign 对应的名词是什么?

学生:foreigner。

老师:非常好! 它是什么意思?

学生:外国人。

老师:对的! 放在句子里看,表达的意思对吗?

学生:对。

老师:嗯,没错! 答案是 foreigner 吗?

学生:是的。

老师:哦,再看看。a lot of 后面跟单数还是复数?

学生:复数。

老师:非常好! 所以答案应该是什么?

学生:foreigners。

老师:是的,正确! 我们来捋一下这道题。介词 of 后面跟什么词性的词?

学生:名词。

老师:对! 那么应当填什么词? 要注意什么细节?

学生:填 foreigners,要注意这里是复数。

老师:说得非常好! 再把句子读一下吧!

学生:There are a lot of foreigners living and working in Shanghai now.

老师:读得很标准,very good! 你完整的解题思路是什么?

学生:介词 of 后面要填名词,foreign 的名词形式是 foreigner,因为 a lot of 是"许多"的意思,所以要填复数,

foreigners。

老师：Well done! Excellent!

再举一个语文教学的例子。

老师：请把题目要求读一下好吗？

学生：好的，"用合适的修改符号修改病句"。

老师：读得很仔细，非常不错！请把句子读一下吧。

学生：我好久没有听到小胖清脆的歌声，高兴的笑脸了。

老师：读得十分流利！你发现问题出在哪里了吗？

学生：没看出来。

老师：好的，知道了！我们来看。听到歌声可以，但"听到笑脸"你认为对吗？

学生：不对。哦！应该把"高兴的笑脸"删去。

老师：非常好！那么应该用什么修改符号？

学生：先把"高兴的笑脸"圈起来，再在右上角画一个"猪尾巴"。

老师：没错，是这样画的！这种修改符号叫什么名字？

学生：不知道。

老师：好的！它叫删除号……

学生：删除号。

老师：非常好，记住这个名字！回忆一下这道题怎么做出来的？

学生：首先，"听到歌声"是对的，但"听到笑脸"就不对了，所以要把"高兴的笑脸"删掉，连同它前面的逗号一起圈起来，画个猪尾巴,这个修改符号叫删除号。

老师:非常不错! 说得十分完整!

▶ 找出学生的问题所在

原理

出问题的原因有很多,可能是没有理解,可能是记得不牢,也可能是不够仔细……各种原因都可以在第一时间温和地告诉学生。学生知道了自己的问题所在,就更容易从根本上解决它。

实践

指出学生的问题,要及时、和善、准确地提出,这样学生易于接受。改正错误需要时间,教师应给予学生足够的耐心,当他再犯同样的错误(或者反复再犯)时,依然要随和地指出问题,绝不要采取吼骂、处罚的办法,一来负能量的指导不可能带来正能量的结果,二来这样的互动破坏了师生的关系,为后续不良的互动埋下了隐患。

▶ 在作业中加入错题集

原理

对于做错的题目,学生理解后,还可以再次作为作业题目让学生做一遍，这既是复习巩固，又能强化纠错的效果。

实践

把讲解过的错题整理在一起，布置为课后作业的第一部分。告诉学生作业的开篇就是以往做错的题，帮助他巩固掌握。

所有孩子都能教好吗？

原理

并不是所有孩子都能教好。在负能量的环境中长大的孩子，容易选择负能量的行为。

实践

因此，想把孩子教好的话，要让他在正能量的环境中得到熏陶，越早越好。